SÃO CIPRIANO

O Pai-Nosso

3ª edição

Tradução
Roberto Vidal da Silva Martins

@ @editoraquadrante
@editoraquadrante
@quadranteeditora
f Quadrante

 QUADRANTE

São Paulo
2024

Título original
De oratione dominica e *De opere et eleemosynis*

Prefácio e notas do Editor

Capa
Gabriela Haeitmann

Dados Internacionais de Catalogação na Publicação (CIP)

Cipriano, São, Bispo de Cartago
    O Pai-nosso / São Cipriano – 3ª ed. – São Paulo : Quadrante Editora, 2024.

    ISBN: 978-85-7465-675-5

    1. Cipriano, São, Bispo de Cartago 2. Cipriano, São, m.304 – Orações e devoções 3. Pai Nosso 4. Oração I. São Cipriano II. Título.

CDD 230

Índice para catálogo sistemático:
1. Padres da Igreja primitiva : Escritos : Teologia cristã 230

Todos os direitos reservados a
QUADRANTE EDITORA
Rua Bernardo da Veiga, 47 - Tel.: 3873-2270
CEP 01252-020 - São Paulo - SP
www.quadrante.com.br / atendimento@quadrante.com.br

SUMÁRIO

SÃO CIPRIANO 5

SOBRE O PAI-NOSSO 23

SOBRE AS BOAS OBRAS E A ESMOLA 81

SÃO CIPRIANO

"Eu jazia nas trevas e na cega noite, era jogado de cá para lá pelas vagas deste mundo borrascoso, e seguia na minha incerteza o caminho do erro, sem saber o que seria da minha vida e ignorando a luz da verdade. [...] Encontrava-me preso e enredado nos múltiplos erros da minha vida passada, e não acreditava poder desprender-me deles [...]. Mas depois essas manchas foram lavadas pelo auxílio divino da água da salvação, e no meu coração regenerado e purificado derramou-se a luz do alto; o sopro do Espírito celeste fez de mim um homem novo mediante um segundo nascimento, e dissiparam-se de modo maravilhoso as dúvidas. Abriu-se assim o que estivera fechado, iluminaram--se as trevas, fez-se possível o que antes julgava impossível".[1]

---

(1) *Ad Donatum*, 3-4.

É com estas palavras de arrebatada sinceridade que Cecílio Táscio Cipriano descreve a sua conversão e o seu batismo. Transparecem nelas esse temperamento de fogo e essa alma grande que haviam de fazer dele uma das figuras centrais do cristianismo dos primeiros séculos: bispo modelar, Padre da Igreja – um dos primeiros grandes escritores cristãos a usar o latim, e um dos últimos grandes latinistas clássicos –, santo e mártir.

Nascera por volta do ano 210 na província romana da África Proconsular, provavelmente na capital, Cartago. De família patrícia, havia recebido esmerada educação como retórico e advogado. Gozava de uma situação econômica desafogada e era muito conhecido; é possível que tenha chegado a exercer cargos públicos na administração imperial. No entanto, os ideais hedonistas da aristocracia romana não lhe satisfaziam o espírito, e o próprio ambiente que reinava nessa província devia desgostar um caráter nobre como o seu; não é em vão que Santo Agostinho, cerca de cinquenta anos mais tarde, chamará a Cartago "fervedouro de amor impuro".[2]

Calcula-se que Cipriano se tenha convertido por volta de 246. Foi ordenado pouco depois, e já em 249 o vemos ocupar a sede episcopal de Cartago. O diácono Pôncio, seu primeiro biógrafo, relata que foi escolhido para o cargo "pelo juízo de Deus e com o aplauso do povo",[3] e a seguir esclarece o que significava esse "aplauso do povo": Cipriano, considerando-se indigno, fugira da assembleia de clérigos que o elegera e fora esconder-se em casa; mas foi seguido por uma multidão de cristãos, que tomou todas as saídas e exigiu em altos brados que assumisse o cargo...

A sede em que foi investido era a mais importante das cerca de noventa dioceses estabelecidas na África romana. O cristianismo espalhara-se rapidamente nessa província já no primeiro século;

---

(2) *Confissões*, 4, 1.

(3) *Vita*, 5.

Tertuliano diz, por volta de 160, que os cristãos "constituem maioria nas cidades",[4] afirmação que talvez não se deva tomar ao pé da letra, mas que não deixa de ser expressiva. Graças à irradiação da personalidade de Cipriano, Cartago logo ganhará um prestígio singular; inúmeros bispos da África, da Espanha e até da Ásia consultam-no sobre os mais variados assuntos, e as decisões dos concílios africanos – em que a sua voz tem um peso muitas vezes decisivo – são acolhidas quase que unanimemente por toda a parte.

No entanto, nem tudo eram flores. No mesmo ano em que Cipriano é eleito bispo, também o Império muda de mãos: Décio, um velho militar decidido a restabelecer o prestígio das instituições imperiais, mal assume o trono, ordena aos magistrados das províncias que examinem a religião de todos aqueles que considerem "suspeitos de serem cristãos" e os obriguem a sacrificar aos deuses pagãos, ou pelo menos a

———————

(4) *Apologética*, 37.

queimar incenso diante deles. Se o acusado cumpria essas formalidades, recebia um certificado público que o liberava de novas investigações. A pena, para quem se recusasse a ceder, consistia em prisão e torturas, e, para os obstinados, na morte.

A conselho do seu presbitério e do bispo Tertullus, Cipriano resolve manter-se escondido por uns meses. Os pagãos não lhe haviam perdoado pela conversão, e, nas primeiras semanas de agitação anticristã que se seguiram ao edito, começaram a ouvir-se no anfiteatro de Cartago clamores de "Cipriano ao leão". Não querendo tornar-se responsável pela "perda da paz comum",[5] e consciente de que a sua presença na cidade constituía ocasião constante de tumultos e de buscas policiais, Cipriano retirou-se em janeiro de 250 para uma localidade desconhecida, fora da cidade.

Do seu esconderijo, mantém intenso contato epistolar com os administradores que nomeara para a diocese: aconselha-os

_____

(5) *Ep. 20*, 1.

sobre o modo de manter a ordem e a disciplina, insta para que cuidem dos fiéis encarcerados e dos pobres, exorta os *confessores* – os cristãos que, presos e encarcerados, se mantinham firmes na fé – a serem constantes nos sofrimentos, e anima toda a comunidade a permanecer unida na tormenta. Chegou mesmo a ordenar presbíteros e diáconos para suprir as vagas no clero.

À separação forçosa dos seus fiéis num momento especialmente angustiante, vieram somar-se outros desgostos não menos dolorosos. A perseguição de Décio, levada a cabo com sangrento rigor, encontrara a Igreja africana despreparada, amolecida por vinte anos de relativa tranquilidade e desagregada por cismas e querelas internas. Em consequência, foram muitas as deserções logo nas primeiras semanas; "os magistrados mal tinham tempo de registrar todos os apóstatas",[6] escreve Cipriano com profunda amargura. Além disso, alguns

---

(6) cf. *De lapsis*, 7-9.

clérigos que já se haviam oposto à sua eleição episcopal aproveitaram-se da sua ausência para caluniá-lo e intrigar contra ele, e acabaram por criar um partido cismático que chegou à revolta aberta.

Mal amainou a tempestade, por volta da Páscoa de 251, Cipriano retorna a Cartago e convoca um concílio para examinar a questão dos *lapsi*, dos "caídos", que na sua maioria desejavam voltar quanto antes à Igreja e o assediavam com pedidos de reconciliação. Cipriano, que no dizer do seu biógrafo aliava "a brandura à firmeza, a condescendência ao rigor",[7] havia preferido deixar a solução a cargo do sínodo, tendo porém autorizado que se readmitissem à comunhão os que estivessem em perigo de morte.

A fim de preparar os trabalhos do concílio, escreve os tratados "Sobre a unidade da Igreja católica" e "Sobre os caídos", em que expõe o seu pensamento quanto ao modo de tratar os apóstatas: os que tinham

---

(7) *Vita*, 5.

sacrificado formalmente aos ídolos (*sacrificati*) ou queimado incenso diante deles (*thurificati*) deviam considerar-se excomungados e cumprir uma longa penitência pública antes de poderem voltar ao seio da Igreja; quanto aos que tinham recorrido ao suborno para comprar o certificado justificativo (*libellatici*), bastava que fossem severamente advertidos. O sínodo, depois da leitura pública desses documentos, ratificou os conselhos do bispo, e as suas decisões passaram a constituir, daí por diante, a regra geral para o tratamento de casos semelhantes em todas as Igrejas locais.

Cipriano teve de preocupar-se, além disso, com o problema da epidemia de peste que assolava a província, e que nos três anos seguintes (252-254) atingiu proporções assustadoras: mais de um terço da população adoeceu, e os mortos empilhavam-se nas ruas porque não havia tempo para enterrá-los. Instalou-se um clima quase apocalíptico de insegurança e de desorganização social: "Despojam-se os mortos, vai-se à caça de heranças, assassina-se, não há polícia nem tribunais",[8] escreve o santo, que se dedica infatigavelmente a manter a ordem entre os seus, a consolar os enfermos, a alimentar a vida interior dos fiéis e a dirigir-lhes o olhar para o céu. Escreve, neste tempo, o tratado "Sobre a peste", e outros dois "Sobre o Pai-Nosso" e "Sobre as boas obras e a esmola", em que exorta vigorosamente à oração e à vida santa.

Continuam chovendo de toda a parte consultas sobre questões de disciplina eclesiástica, a que Cipriano responde sempre com firmeza de critério prático e profunda doutrina, apoiado em ampla argumentação extraída da Sagrada Escritura e da tradição eclesiástica. Uma delas, no ano 255, deu origem a uma questão que levantou muita celeuma, e que pôs duramente à prova o caráter do santo bispo.

Um certo Magno, leigo, queria saber se se devia tornar a batizar os adeptos de seitas heréticas que desejassem ser recebidos

---

(8) cf. *Ad Demetríanum*, 10-11.

no seio da Igreja; Cipriano, numa longa carta, responde que os cismáticos e hereges não têm o poder nem o direito de conferir o Sacramento, e que portanto os seus adeptos deviam ser rebatizados. Dois concílios africanos, de fins daquele ano e de começos de 256, confirmam essa tradição africana, e o bispo resolve informar o papa Estêvão dessa prática.

Em Roma não se seguia esse costume, e a resposta de Estêvão foi áspera e veemente, talvez influenciada em parte pelas calúnias postas em circulação pelos inimigos do santo. Tem início uma troca epistolar entre Cartago, Roma e diversas sés asiáticas, em que não faltam, de um e de outro lado, expressões duras e acusações fortes, muitas vezes ditadas mais pelo temperamento do que pela análise desapaixonada da questão. Como parecia impossível chegar a qualquer acordo, Cipriano convoca um novo concílio em Cartago, em setembro de 256, que reúne 85 bispos e que ratifica as posições anteriormente tomadas. Mas os ânimos continuam a acirrar-se até que o martírio de Estêvão, em agosto de 257, põe fim à questão.

Santo Agostinho[9] afirma que Cipriano se retratou das suas posições um pouco mais tarde. Seja como for, não deixa de ser sintomático que tenha redigido o tratado "Sobre os bens da paciência" justamente nesta época. De temperamento forte, ainda que habitualmente muito bem controlado, é compreensível que tenha deixado entre-ver neste caso a fraqueza do composto humano. Além disso, se se reconhecia uni-versalmente o primado moral de Roma em questões de fé, não havia ainda uma doutrina bem delimitada sobre o primado também jurídico, embora houvesse nume-rosos testemunhos da época que o reco-nheciam. Cipriano enganou-se, pois, de boa-fé, ao considerar o bispo de Roma mais como "colega e irmão" do que como superior. Nada autoriza a pensar, porém, que aquele que escreveu: "Não pode ter a Deus por Pai quem não tem a Igreja por

_____

(9) *De bapt.*, 2, 4.

Mãe",[10] pudesse emprestar a sua autoridade a um cisma.

Em agosto de 257, o imperador Valeriano, que até então mostrara relativa tolerância para com os cristãos, ordenou uma nova perseguição, ao que parece motivada pela necessidade de angariar fundos para os cofres públicos. No dia 30, Cipriano é detido por ordem do procônsul Aspásio Paterno e enviado ao desterro em Cúrubis, cidade situada a poucos quilômetros de Cartago. Acompanhava-o o diácono Pôncio, que haveria depois de escrever-lhe a biografia. Dali segue, como sempre, as notícias que recebe da sua comunidade, especialmente atingida desta vez por atentados populares realizados com a conivência das autoridades: multiplicam-se os apedrejamentos de cristãos e incendeiam-se as suas casas. Cipriano escreve às vítimas e aos seus parentes, alentando-os, e redige o seu último grande tratado, a "Exortação ao martírio".

---

(10) *De unitate catholicae ecclesiae*, 6.

No fim do ano, recebe permissão para voltar a Cartago, mas o novo procônsul, Galério Máximo, manda conduzi-lo à sua presença para novo interrogatório, e a 14 de setembro de 258 Cipriano comparece a julgamento na vila de Sextii, nos arredores de Cartago, onde é tratado com todas as atenções pelos próprios juízes.

Galério inicia o interrogatório oficial, no estilo conciso que caracterizava a administração romana: "– És tu Táscio Cipriano? – Sou-o. – És o papa da seita sacrílega? – Sou-o. – Os sacratíssimos imperadores te ordenam que sacrifiques. – Sei-o, mas não o farei. – Tem cuidado. Reflete no que vais fazer. – Faz o que te ordenam. Num assunto tão simples, não cabem longas deliberações". Vendo que não conseguiria nada, o procônsul, "visivelmente contrariado" por ter de ferir um personagem dessa envergadura, lê a condenação: "Táscio Cipriano é condenado a morrer decapitado".

Ao que o mártir respondeu: "Graças sejam dadas a Deus".[11]

Foi escoltado imediatamente ao local da execução. Acompanhava-o uma imensa multidão, que as autoridades não ousaram dispersar. "Decapitem-nos também a nós! Nós somos Táscio Cipriano!", clamavam. Diante do cepo, Cipriano tirou o manto e, revestido apenas da túnica, esperou o carrasco absorto em oração. Quando o verdugo chegou, pediu aos seus assistentes que lhe entregassem vinte e cinco moedas de ouro; ajoelhou-se depois, pôs a venda sobre os próprios olhos e pediu que lha amarrassem. O carrasco tremia, e Cipriano ainda teve que animá-lo para que, reunindo todas as forças, lhe decepasse a cabeça de um só golpe.

Os fiéis tinham estendido mantos e lençóis para que o sangue do mártir não se perdesse na areia. À noite foram buscar o seu corpo e conduziram-no em procissão solene a um cemitério particular, na

_____

(11) *Acta protoconsularia Cipriani*, 4.

estrada de Mapala. A Igreja elevou imediatamente o santo bispo aos altares, por "aclamação popular", e incluiu o seu nome no cânon da Missa, logo depois da lista dos primeiros Papas.

O tratado *De oratione dominica* ("Sobre a oração do Senhor" ou "Sobre o Pai-Nosso"), escrito por volta de 252, constitui um dos escritos centrais de São Cipriano, e certamente influenciou quase todas as obras posteriores que trataram da oração. Para além do interesse histórico que apresenta, vem sendo apreciado pelos cristãos de todos os tempos pela viveza das ideias e do estilo, e pela serena exigência da sua doutrina.

Cipriano começa por ressaltar o valor desta oração, a única que Cristo ensinou formalmente aos Apóstolos, e descreve o modo como se deve orar, insistindo na necessidade de fazê-lo com um tranquilo abandono nas mãos de Deus. Apresenta depois o texto do Pai-Nosso, tal como se recitava então na liturgia de Cartago.

Além de frisar o valor da oração no relacionamento pessoal de cada cristão com o seu Criador e Redentor, Cipriano sublinha também o especial papel público e litúrgico do Pai-Nosso: a oração do Senhor é oração de todo o povo cristão, e todos os membros isolados têm a responsabilidade de orar pelo conjunto. Por outro lado, insiste na consciência que os cristãos devem ter de constituírem um novo "povo eleito", um Corpo único; daí a distinção, por vezes um tanto veemente, com que Cipriano os opõe tanto aos judeus como aos pagãos.

Sem falsas atenuações, o santo bispo de Cartago aponta as rupturas requeridas pela vida sobrenatural: com a vida passada, com o apego às paixões, aos bens materiais e à carne, e quando necessário até com a família natural. Não é que seja rigorista, porém, nem que atribua demasiado valor ao elemento humano na santificação. Com profundo realismo, afirma que "ninguém é puro" diante de Deus, e insiste no papel da graça, a que alude inúmeras vezes ao falar da filiação divina, do reino de Deus, da união com Cristo pela Eucaristia.

O texto conclui ressaltando a "divina concisão" do Pai-Nosso, que resume tudo o que o homem deve pedir, e com considerações extremamente valiosas sobre a necessidade de orar sempre, de buscar o recolhimento na oração, e de baseá-la numa efetiva santidade de vida e numa real dedicação aos outros pelas obras de misericórdia. Transparece por toda a parte a sua profunda fé e a serena esperança que o levou a suportar com tanta grandeza o martírio. Não há exageros nem floreios de retórica, mesmo nas frases mais fortes, mas um agudo senso das realidades sobrenaturais.

SOBRE O PAI-NOSSO

A oração do próprio Deus

1. Os preceitos do Evangelho, queridíssimos irmãos, são verdadeiros ensinamentos divinos, e constituem por isso fundamento para edificar a esperança, apoio para fortalecer a fé, alimento para nutrir o coração, marco para orientar-se no caminho, escudo para alcançar a salvação. Na terra, instruem os dóceis espíritos dos que creem, e encaminham-nos ao mesmo tempo para o Reino dos céus.

Deus quis outrora dizer-nos muitas coisas através dos Profetas, seus servos, e quis que as escutássemos; mas são muito maiores as coisas que nos diz o Filho, a Palavra do Pai, que falou pelos Profetas e que nos fala hoje com a sua própria voz, não mais mandando que se preparem os caminhos daquele que há de vir, mas vindo Ele próprio aplainar e mostrar-nos o caminho, a fim de que nós, que antes andávamos pelas trevas do erro como ignorantes e cegos, fôssemos agora iluminados pela luz da graça e tomássemos por guia e por chefe no caminho da vida o próprio Senhor.

2. Entre os preceitos e avisos divinos que outorgou ao seu povo para que este se salvasse, Ele próprio ensinou-lhe a forma de orar e instruiu-o e admoestou-o sobre o que haveria de pedir. Aquele que nos fez viver também nos ensinou a orar, com a mesma bondade com que se dignou dar-nos e outorgar-nos todas as coisas, para que, ao dirigirmo-nos ao Pai com a oração que o Filho nos ensinou, fôssemos escutados com mais facilidade. Deus já havia previsto que chegaria a hora em que os verdadeiros adoradores adorariam o Pai em espírito e verdade, e cumpriu o que tinha prometido, de forma que nós,

que recebemos o seu espírito e a sua verdade pela santificação que nos comunica, podemos também adorá-lo verdadeira e espiritualmente graças aos seus ensinamentos.

Com efeito, que oração poderia ser mais espiritual do que aquela que nos foi dada por Cristo, que também nos enviou o Espírito Santo? Que súplica poderia ser mais eficaz junto ao Pai do que aquela que saiu da boca do Filho, que é a própria Verdade? Orar de modo diferente daquele que o Senhor nos ensinou não só seria ignorância, mas culpa, uma vez que Ele próprio o afirmou ao dizer: *Rejeitais o mandamento de Deus para ater-vos à vossa tradição* (Mt 15, 6; Mc 7, 8).

3. Portanto, queridíssimos irmãos, oremos como nos ensinou o nosso Mestre, Deus. É-lhe grato e familiar dirigirmo-nos a Ele com as suas próprias palavras, fazermos chegar aos seus ouvidos a oração do próprio Cristo. O Pai há de reconhecer as palavras do seu Filho quando lhe

rogarmos com elas; Aquele que habita no nosso peito deve estar também nos nossos lábios, e como além disso Ele é intercessor pelos nossos pecados diante do Pai, convém que nós, pecadores, ao pedirmos perdão dos nossos delitos, nos sirvamos das palavras utilizadas pelo nosso Advogado. Com efeito, se Ele declara que *tudo o que pedirdes ao meu Pai em meu nome, Ele vo-lo concederá* (Jo 16, 23), quanto mais eficaz não será a nossa súplica se pedirmos não somente em nome de Cristo, mas valendo-nos da sua própria oração?

Como orar

4. As palavras e as súplicas dos que oram devem ser disciplinadas, serenas, contidas e respeitosas; tenhamos em conta que estamos na presença de Deus. Devemos ser agradáveis aos olhos de Deus tanto pela atitude do corpo como pela moderação da voz, pois se é próprio do despudorado rezar aos gritos, ao homem discreto convém orar

modestamente. Além disso, no seu magistério, o Senhor preceituou-nos que rezássemos em segredo, em lugares afastados e recolhidos, e até no próprio quarto, pois é o que mais convém à fé; assim temos presente que Deus está em toda a parte, que nos ouve e nos vê a todos, e que a imensidão da sua majestade penetra nos lugares mais recônditos e ocultos, tal como está escrito: *Eu sou um Deus que se aproxima, não um Deus longínquo. Se o homem se ocultar em lugares ocultos, por acaso não o verei? Não preencho o céu e a terra?* (Jr 23, 23-24). E noutra passagem: *Os olhos do Senhor estão em todo o lugar, contemplando os bons e os maus* (Pr 15, 3).

Da mesma forma, quando nos reunimos com os nossos irmãos, e oferecemos os sacrifícios divinos pelas mãos do sacerdote de Deus, devemos lembrar-nos da modéstia e da disciplina e não proferir as nossas orações com palavras destemperadas nem enunciar com tumultuada loquacidade as súplicas que deveríamos confiar modestamente a Deus, porque Deus não escuta as palavras, mas aquilo que sai do coração; não podemos dirigir-nos aos brados Àquele que conhece os pensamentos dos homens, como o assegura o Senhor ao dizer: *Por que pensais mal em vossos corações?* (Mt 9, 4). E noutro lugar: *E todas as igrejas saberão que eu sou aquele que perscruta os rins e os corações* (Ap 2, 23).

5. Isto mesmo é o que nos ensina e transmite – como vemos no primeiro livro de Samuel – aquela Ana que prefigura a Igreja, pois não rogava a Deus com clamorosa petição, mas dirigia-se a Ele calada e tranquilamente no íntimo do seu peito. Falava-lhe às ocultas, mas manifestava a sua fé; falava, não com a voz, mas com o coração, porque sabia que desse modo o Senhor lhe daria ouvidos e que assim conseguiria com maior eficácia aquilo que dessa forma lhe pedia com maior fé. É o que declara a Sagrada Escritura quando diz: *Falava no seu coração e moviam-se os seus lábios, mas não se ouviam as suas palavras, e o Senhor a escutou* (1 Sm 1, 13).

O mesmo lemos nos Salmos: *Falai no vosso interior e retirai-vos para os vossos aposentos* (Sl 4, 5). E o Espírito Santo sugere-nos e ensina-nos a mesma ideia ao falar pela boca de Jeremias: *Deves adorar a Deus no teu íntimo* (Jr 5, 6; Br 6, 5).

6. Quem ora, queridíssimos irmãos, não deve ignorar como o publicano e o fariseu oravam no templo. Aquele não levantava descaradamente os olhos ao céu nem erguia as mãos com insolência, mas implorava o auxílio da misericórdia divina batendo no peito e confessando os seus pecados íntimos. E enquanto o fariseu se comprazia em si mesmo, o publicano que assim rezava mereceu ser santificado, pois não havia posto a esperança da sua salvação na garantia da sua inocência – porque ninguém é inocente –, mas na confissão humilde dos seus pecados; e Aquele que perdoa os humildes prestou ouvidos àquele que assim rogava.

O Senhor confirma-o no seu Evangelho ao dizer: *Subiram dois homens ao templo para orar; um era fariseu, e o outro publicano. O fariseu, em pé, orava no seu interior: Graças te dou, ó Deus, porque não sou como os outros homens, injustos, ladrões, adúlteros, nem como este publicano; jejuo duas vezes por semana e pago o dízimo de tudo o que possuo. O publicano, porém, conservando-se à distância, não ousava levantar os olhos ao céu, mas batia no peito, dizendo: Meu Deus, tem piedade de mim, que sou um pecador. Digo-vos que este voltou justificado para casa, e não o fariseu, porque quem se exalta será humilhado e quem se humilha será exaltado* (Lc 18, 10-14).

A oração do povo cristão

7. Uma vez que nós, queridíssimos irmãos, que estamos aprendendo as divinas lições, já sabemos como comportar--nos durante a oração, vejamos agora o que o Senhor nos ensina a pedir: *Vós, pois, orai assim: Pai nosso que estás nos céus, santificado seja o teu nome, venha a nós o teu*

reino, seja feita a tua vontade na terra e no céu; o pão nosso de cada dia dá-nos hoje, e perdoa-nos as nossas dívidas assim como nós perdoamos aos nossos devedores, e não nos deixes cair em tentação, mas livra-nos do mal. Assim seja (Mt 6, 9-13).

8. Antes de mais nada, [é preciso dizer que] o Doutor da paz e Mestre da unidade não quis que cada um orasse por conta própria e em privado para pedir somente por si mesmo ao orar. Não dizemos "Meu Pai que estás nos céus", nem "dá-me hoje o meu pão", nem pede cada qual que seja perdoada a *sua* dívida, ou que não caia *ele* em tentação e seja libertado do mal. É pública e comum a nossa oração, e, quando oramos, não oramos por uma só pessoa, mas por todo o povo, porque todo o povo é um só. O Deus da paz, que nos ensina a concórdia e a unidade, quis que um só orasse assim por todos, tal como Ele nos levou a todos em si.

Esta lei da oração, observaram-na os três jovens encerrados na fornalha, pois oravam de comum acordo e unânimes e concordes em espírito. Este é o testemunho da Sagrada Escritura, que nos mostra como os três rezavam e os aponta como exemplo a ser imitado, de maneira que sejamos semelhantes a eles: *Então aqueles três, como se tivessem uma só boca, cantaram um hino e louvaram a Deus* (Dn 3, 51). Falavam como por uma só boca, quando Cristo ainda não havia ensinado a orar, e por esse motivo foram poderosas e eficazes as suas palavras, pois o Senhor não podia deixar de dar ouvidos a uma súplica tão pacífica, una e espiritual.

Assim vemos também os Apóstolos orarem junto com os discípulos após a Ascensão do Senhor: *Perseveravam*, diz a Sagrada Escritura, *todos unânimes na oração com as mulheres, e com Maria, mãe de Jesus, e com os irmãos deste* (At 1, 14). Ao perseverarem unânimes na oração, davam a entender o fervor e a concórdia da sua oração, porque Deus, que faz com que *os irmãos habitem juntos sob o mesmo teto* (Sl 132, 1), somente admitirá na sua morada eterna e divina aqueles que se tiverem unido pela oração.

Pai nosso

9. Mas, queridíssimos irmãos, como são grandes e copiosos os sagrados mistérios que se encerram na oração do Senhor! Encontram-se agrupados num breve resumo, mas são especialmente fecundos pela sua força, pois não há nenhum aspecto das nossas preces ou orações que não esteja compreendido neste compêndio da doutrina celestial.

Vós, pois, orai assim: *Pai nosso que estás nos céus*. *Pai*, diz em primeiro lugar o homem novo, renascido e restituído ao seu Deus pela graça, porque já começou a ser filho. *Veio para o que era seu, mas os seus não o receberam. A todos os que o receberam, porém, aos que creem no seu nome, deu-lhes o poder de se tornarem filhos de Deus* (Jo 1, 11-12). Portanto, aquele que creu nesse Nome e foi feito filho de

Deus deve começar por dar graças e por professar-se filho de Deus, uma vez que chama Pai ao Deus que está nos céus.

Deve também dar testemunho de que, desde as primeiras palavras que pronunciou por ocasião do seu nascimento espiritual [pelo Batismo], renunciou ao seu pai terreno e carnal e já não reconhece nem possui outro pai senão Aquele que está nos céus, como está escrito: *Os que dizem ao seu pai e à sua mãe: Não vos conheço, e não reconheceram os seus próprios filhos, estes observaram a tua palavra e foram fiéis à tua aliança* (Dt 33, 9).

O Senhor prescreveu-nos igualmente no seu Evangelho que a ninguém chamássemos "pai nosso" na terra, porque efetivamente não temos senão um só Pai, que está nos céus. E ao discípulo que lhe fizera menção do pai que acabara de falecer, respondeu-lhe: *Deixa que os mortos enterrem os seus mortos* (Mt 8, 22), pois o discípulo lhe dissera que o seu pai havia morrido, quando na verdade o Pai dos que creem está sempre vivo.

10. Todavia, queridíssimos irmãos, não devemos somente perceber e compreender por que chamamos *Pai* Àquele que está nos céus, mas também por que lhe dizemos Pai *nosso*, isto é, Pai daqueles que creem, daqueles que começaram a ser filhos de Deus, por Ele santificados e regenerados mediante o novo nascimento da graça espiritual.

Esta expressão também alude aos judeus e os rechaça, porque não só repudiaram deslealmente Cristo, que lhes fora anunciado pelos Profetas e enviado antes de sê-lo a qualquer outro povo, mas até chegaram a matá-lo cruelmente. Estes já não podem chamar Pai ao Senhor, pois o próprio Senhor os repreende e rejeita ao dizer: *Vós nascestes do vosso pai, o demônio, e quereis satisfazer os desejos do vosso pai. Ele foi homicida desde o princípio e não se manteve na verdade, porque a verdade não está nele* (Jo 8, 44).

E Deus clama ainda com indignação através do profeta Isaías: *Gerei filhos e exaltei-os, mas eles me desprezaram. O boi conhece o seu proprietário, e o jumento o estábulo do seu dono, mas Israel não me conheceu e o meu povo não me compreendeu. Ai da nação pecadora, do povo carregado de pecados, semente do mal, filhos celerados. Abandonastes o Senhor e irritastes o Santo de Israel* (Is 1, 2-4). A estes, os cristãos reprovam-nos ao dizerem, na oração, *Pai nosso,* porque Deus já passou a ser nosso Pai e deixou de sê-lo dos judeus, que o abandonaram. Um povo pecador não pode ser filho, pois o nome de filho só se atribui àqueles a quem foi concedida a remissão dos pecados, e é só a estes que se promete a eternidade, como o diz o próprio Senhor: *Todo aquele que comete pecado é escravo. Ora, o escravo não permanece na casa para sempre, mas o filho nela permanece para sempre* (Jo 8, 34-35).

11. Como é grande a clemência do Senhor, como é grande a sua condescendência para conosco e a fecundidade da sua bondade, pois quis que rezássemos na sua presença e lhe chamássemos Pai, e

que nos designássemos a nós mesmos por filhos de Deus, tal como Cristo é Filho de Deus! Nenhum de nós ousaria pronunciar esse nome na oração [Pai], se Ele mesmo não nos tivesse permitido orar assim.

Lembremo-nos disso, queridíssimos irmãos, e sejamos conscientes de que, se podemos chamar Pai a Deus, é porque devemos agir como filhos de Deus, para que, tal como nos compraz tê-lo por Pai, também Ele possa comprazer-se em ter--nos por filhos. Comportemo-nos como templos de Deus, para que se veja que o Senhor habita em nós, e não permitamos que os nossos atos desdigam do espírito que recebemos. Nós, que começamos a ser celestes e espirituais, já não devemos pensar nem realizar senão aquilo que é espiritual e celeste, como o mesmo Senhor Deus nos recomenda: *Glorificarei os que me glorificam, e serão desprezados os que me desprezam* (1 Sm 2, 30). Também o santo Apóstolo afirma numa das suas Epístolas: *Não vos pertenceis, pois fostes comprados por um grande preço. Glorificai a Deus e trazei-o no vosso corpo* (1 Cor 6, 19.20).

Santificar o nome de Deus

12. A seguir, rezamos: *Santificado seja o teu nome*, não por desejarmos que o nome de Deus seja santificado pelas nossas orações, mas porque lhe pedimos que o seu nome seja santificado em nós. Afinal de contas, por quem poderia Deus ser santificado, se é Ele quem santifica? No entanto, Ele mesmo disse: *Sede santos, porque eu sou santo* (Lv 11, 14; cf. 20, 7); esta é a razão por que lhe pedimos e rogamos que nós, que fomos santificados pelo batismo, perseveremos nesse caminho em que já demos os primeiros passos.

É isso o que pedimos todos os dias, pois o trabalho diário da nossa santificação reside precisamente em que nós, que pecamos diariamente, diariamente nos purifiquemos dos nossos delitos. E em que consiste a santificação que recebemos da misericórdia de Deus, prega-o o Apóstolo ao afirmar: *Nem os fornicadores, nem os idólatras, nem os adúlteros, nem os efeminados, nem os pederastas, nem os ladrões, nem os fraudulentos, nem os ébrios, nem os maldizentes, nem os salteadores alcançarão o reino de Deus. E vós efetivamente fostes tudo isso, mas fostes lavados, fostes justificados, fostes santificados no nome do nosso Senhor Jesus Cristo pelo Espírito do nosso Deus* (1 Cor 6, 9-11).

O Apóstolo diz-nos que fomos santificados no nome do Senhor Jesus Cristo e no Espírito do nosso Deus. Esta santificação é a que pedimos que permaneça em nós; e tal como o nosso Senhor e nosso Juiz admoestou aquele paralítico, a quem tinha curado e vivificado, para que daí por diante já não pecasse mais, não fosse suceder-lhe coisa pior, assim lhe rogamos com contínuas orações, de dia e de noite, que pela sua proteção conservemos a santificação e a vida que nos vêm da sua graça.

O reino de Deus

13. A seguir, dizemos na nossa oração: *Venha a nós o teu reino*. Nesta súplica, pedimos que se nos torne presente o reino de Deus, tal como pedíamos que o seu nome fosse santificado em nós. Por acaso deixa Deus de reinar alguma vez, ou começa a existir nEle aquilo que sempre foi e nunca deixará de ser? Pedimos, pois, que venha o *nosso* reino, aquele que Deus tantas vezes nos promete, e que Cristo nos conquistou com o seu sangue e a sua paixão, para que nós, que antes éramos servos no mundo, agora reinemos sob o domínio de Cristo, conforme Ele mesmo promete ao dizer: *Vinde, benditos de meu Pai, tomai posse do reino que vos está preparado desde a criação do mundo* (Mt 25, 34).

Na verdade, queridíssimos irmãos, o próprio Cristo pode ser identificado com esse reino de Deus cuja vinda pedimos todos os dias, e que desejamos que chegue o quanto antes para nós. Com efeito, se Ele é a Ressurreição porque nEle

ressuscitaremos, também podemos entender que Ele é o reino de Deus, porque nEle
havemos de reinar.

Com razão pedimos, pois, o reino de
Deus, isto é, o reino celeste; é verdade que
existe também um reino terreno, mas
aquele que renunciou ao mundo supe-
rou também as honrarias e o reino deste
mundo, e por isso aquele que se entregou
a Deus e a Cristo já não deseja os reinos
terrenos, mas os celestes.

É necessário, porém, orar e suplicar
continuamente para não sermos excluí-
dos do reino dos céus, como o foram os
judeus, a quem esse reino estava prometido; é o que afirma e declara o Senhor:
*Muitos virão do Oriente e do Ocidente e se
sentarão à mesa com Abraão, Isaac e Jacó
no reino dos céus, ao passo que os filhos
do reino serão lançados às trevas exteriores, onde haverá choro e ranger de dentes*
(Mt 8, 11-12). Mostra-nos o Senhor que os
judeus haviam sido os primeiros filhos do
reino, na medida em que ao mesmo tempo
se tinham esforçado por ser filhos de Deus,

mas depois deixaram de tê-lo por Pai, e acabaram também por perder o reino. Por isso nós, cristãos, que na oração chamamos Pai a Deus, também lhe pedimos que nos conceda o seu reino.

A vontade de Deus

14. Depois acrescentamos: *Seja feita a tua vontade assim na terra como no céu*, não no sentido de que Deus deva fazer ou deixar de fazer o que quer, mas no de pedir-lhe que *nos* conceda fazermos o que Ele quer. Quem poderia impedir Deus de fazer o que bem entende? A nós, pelo contrário, o diabo impede-nos de obedecer totalmente a Deus no nosso íntimo e nas nossas ações, e por isso pedimos e rogamos que se cumpra em nós a Vontade divina. E para que esta se cumpra em nós, precisamos dessa mesma Vontade, isto é, precisamos da sua ajuda e proteção, porque ninguém é forte pelas suas próprias forças,

mas somente pela bondade e pela misericórdia de Deus.

Aliás, a fim de mostrar a fraqueza desse homem cuja natureza havia assumido, também o Senhor diz: *Pai, se é possível, afaste-se de mim este cálice* (Mt 26, 39); e para dar exemplo aos seus discípulos, para que estes não fizessem a sua própria vontade, e sim a de Deus, acrescenta em seguida: *Não se faça, porém, o que eu quero, mas o que tu queres.* Noutra passagem diz igualmente: *Não desci do céu para fazer a minha vontade, mas a vontade daquele que me enviou* (Jo 6, 38).

Pois bem, se o Filho teve de obedecer para dar cumprimento à vontade do Pai, quanto mais não deve obedecer o servo ao cumprir a vontade do seu Senhor, como o Apóstolo João encarece e ensina numa das suas Epístolas? *Não queirais amar o mundo nem o que há no mundo. Se alguém ama o mundo, não está nele a caridade do Pai, porque tudo o que há no mundo é concupiscência da carne, concupiscência dos olhos e soberba da vida, que não procedem do Pai, mas da concupiscência do mundo.*

*E este mundo passa, bem como a sua con-
cupiscência, ao passo que aquele que faz a
vontade de Deus permanece para sempre,
como também Deus permanece eternamente*
(1 Jo 2, 15-17). Nós, que queremos permanecer para sempre, devemos fazer a vontade do Deus eterno.

15. Ora bem, a vontade de Deus é o
que Cristo fez e ensinou: humildade na
conduta, firmeza na fé, moderação nas
palavras, retidão nas ações, misericórdia
nas obras e ordem nos costumes; não querer ofender ninguém, mas saber tolerar
as ofensas recebidas; estar em paz com
os irmãos; amar a Deus de todo o coração, amá-lo porque é Pai, temê-lo porque
é Deus; não antepor nada a Cristo, porque
também Ele nada nos antepôs a nós; ade-
rir inseparavelmente ao seu amor, abra-
çar a sua cruz com fortaleza e confiança;
se estiverem em jogo o seu nome e a sua
honra, mostrar nas palavras a firmeza
com que o confessamos, nos tormentos
a confiança com que lutamos, e na morte

a paciência pela qual somos coroados. Isto é querermos ser coerdeiros de Cristo; isto é cumprir o preceito de Deus; isto é fazer a vontade do Pai.

Na terra e no céu

16. Pedimos, por outro lado, que se faça a vontade de Deus tanto no céu como na terra, pois ambos são necessários para o acabamento da nossa felicidade e da nossa salvação. Com efeito, possuímos um corpo feito de terra e um espírito feito de céu, e por isso somos ao mesmo tempo terra e céu, e oramos para que em ambos, isto é, no corpo e no espírito, se cumpra a vontade de Deus.

É que há luta entre a carne e o espírito, e cotidiana guerra, de maneira que não fazemos o que queremos, pois enquanto o espírito busca o celeste e divino, a carne se vê atraída pelo terreno e temporal. Em consequência, pedimos que se estabeleça a concórdia entre estes dois adversários pela ajuda e pelo auxílio divinos, a fim de que a vontade de Deus mande tanto ao espírito quanto à carne, e assim se salve a alma que graças a Ele renasceu.

Isto mesmo, di-lo clara e abertamente o Apóstolo Paulo: *A carne tem desejos contrários aos do espírito, e o espírito desejos contrários aos da carne. Ambos se opõem entre si, de tal maneira que não fazeis o que quereis. Ora bem, as obras da carne são manifestas, a saber: adultérios, fornicação, impureza, lascívia, idolatria, feitiçarias, homicídios, ódios, discórdias, ciúmes, iras, rixas, rivalidades, dissensões, divisões, invejas, ebriedade, comilanças e outras coisas como estas; os que fazem tais coisas não possuirão o reino de Deus. Os frutos do Espírito, pelo contrário, são: caridade, alegria, paz, magnanimidade, bondade, fidelidade, mansidão, continência e castidade* (Gl 5, 17-23). Peçamos, portanto, com orações diárias e contínuas, que se cumpra a vontade de Deus a nosso respeito, tanto no céu como na terra; porque esta é a vontade de Deus, que o terreno se submeta ao celeste, que prevaleçam o espiritual e o divino.

17. Estas palavras podem também entender-se noutro sentido, queridíssimos irmãos, e é que, uma vez que o Senhor nos admoesta e nos manda amar até os nossos inimigos e orar pelos que nos perseguem, peçamos igualmente pelos que ainda são terrenos e não começaram a ser celestes, para que também neles se cumpra a vontade de Deus, tal como Cristo a cumpriu ao salvar e reparar o homem.

Com efeito, Ele já não chama aos discípulos terra, mas sal da terra, e o Apóstolo declara igualmente que o primeiro homem foi feito do barro da terra, e o segundo do céu; nós, portanto, que devemos assemelhar-nos a esse Deus que *faz nascer o sol sobre bons e maus, e chover sobre justos e injustos* (Mt 5, 45), pedimos e rogamos com toda a razão pela salvação de todos os homens, de acordo com a admoestação de Cristo. No céu – isto é, em nós –, já se cumpriu pela nossa fé a vontade de Deus de que fôssemos celestes; e assim deve cumprir-se também a sua vontade na terra – isto é, naqueles que não creem –, para que os que ainda são terrenos devido ao seu primeiro nascimento, comecem também a ser celestes pelo novo nascimento pela água e pelo Espírito.

A eucaristia, nosso pão

18. Continuando a oração, pedimos: *O pão nosso de cada dia dá-nos hoje*. Esta passagem pode interpretar-se espiritual ou literalmente, porque ambos os sentidos aproveitam à salvação da alma, com a ajuda divina. Com efeito, o Pão da vida é Cristo, e este Pão não é de todos, mas nosso; tal como dizemos *Pai nosso* porque Deus é Pai dos que creem e dos que o conhecem, assim também chamamos a Cristo *pão nosso*, porque Ele é o Pão dos que se alimentam do seu Corpo.

Este é o Pão que pedimos que nos seja dado diariamente. Não aconteça que nós, os que estamos em Cristo e todos os dias recebemos a Eucaristia como alimento de salvação, nos vejamos separados do seu Corpo por ficarmos privados da comunhão com o Pão celestial devido a algum delito grave. O próprio Senhor nos adverte e diz: *Eu sou o pão da vida que desceu do céu. Se alguém comer do meu pão, viverá para sempre, e o pão que eu darei é a minha carne para a vida do mundo* (Jo 6, 51).

Ao declarar, portanto, que viverá eternamente quem comer deste Pão, Cristo torna evidente que só vivem aqueles que se unem ao seu Corpo e recebem a Eucaristia por direito de participação. E, pelo contrário, é de temer que, se alguém fica excluído e separado do Corpo de Cristo, também acabe por afastar-se da salvação, e por isso devemos rezar, já que Ele nos adverte e insta com estas palavras: *Se não comerdes a carne do Filho do homem e não beberdes o seu sangue, não tereis a vida em vós* (Jo 6, 53). Assim, todos os dias pedimos que nos seja dado o nosso Pão – ou seja, Cristo –, a fim de que nós, que permanecemos e vivemos em Cristo, nunca nos separemos da sua santificação nem do seu Corpo.

O sustento cotidiano

19. No entanto, esta passagem pode entender-se também noutro sentido: nós, que renunciamos ao mundo e rejeitamos as suas riquezas e ostentações em troca do dom espiritual que recebemos pela fé, devemos pedir unicamente o nosso alimento e sustento, já que o Senhor nos instrui ao dizer: *Quem não renuncia a tudo o que é seu, não pode ser meu discípulo* (Lc 14, 33). Aquele que já começou a ser discípulo de Cristo e renunciou a tudo, de acordo com a palavra do seu Mestre, deve portanto pedir o alimento diário sem nada desejar além disso, conforme o Senhor insiste noutra passagem: *Não vos inquieteis com o dia de amanhã, pois o amanhã cuidará de si próprio; bastam a cada dia os seus cuidados* (Mt 6, 34).

Age muito bem o discípulo de Cristo que pede para si unicamente o alimento de cada dia, uma vez que não deve pensar no dia de amanhã; aliás, se pedimos que o reino de Deus chegue quanto antes, seria contraditório e lamentável querermos viver muito tempo nesta vida. Disto nos adverte o santo Apóstolo, fortalecendo e estimulando ao mesmo tempo a nossa esperança e a firmeza da nossa fé: *Nada trouxemos para este mundo, e dele nada podemos levar. Se possuirmos, pois, o alimento e com que nos cobrir, estamos contentes. Os que querem enriquecer-se caem em tentação e em laços e em muitos desejos perniciosos, que mergulham os homens na perdição e na ruína. A raiz de todos os males é a cobiça, e muitos que se deixaram seduzir por ela naufragaram na fé e atraíram para si inúmeras dores* (1 Tm 6, 7-10).

20. O Senhor ensina-nos, pois, não somente a menosprezar as riquezas, mas também a enxergar o perigo que nelas se contém, pois constituem a raiz dos vícios que amolecem o homem e causam

a cegueira do seu entendimento mediante ocultas falsidades. Por isso Deus repreende aquele rico néscio que só pensava nas suas riquezas temporais e se vangloriava da abundância das suas colheitas, dizendo-lhe: *Esta noite virão demandar a tua alma, e as coisas que acumulaste, para quem ficarão?* (Lc 12, 20). O insensato deleitava-se na sua opulência quando estava para morrer naquela mesma noite, e aquele cuja vida já se esvaía ainda pensava em aumentar mais o seu cabedal.

O Senhor ensina-nos, em contrapartida, que só é perfeito e acabado aquele que, vendendo todos os seus bens e distribuindo-os entre os pobres, ajunta para si um tesouro no céu. Somente aquele que, desprendido, não se deixa atar pelos laços dos bens de família, e, livre e solto, põe os seus haveres a serviço das promessas do Senhor, somente esse é digno de imitar a Cristo na sua gloriosa paixão. Todos devemos preparar-nos para viver esse desprendimento, e assim importa que aprendamos a orar e a conhecer como ele deve ser, orientando-nos pela pauta da oração.

21. Aliás, não é possível que Deus deixe faltar ao homem justo o alimento cotidiano, pois está escrito: *O Senhor não matará de fome a alma do justo* (Pr 10, 3); e também: *Fui jovem e já sou velho, e nunca vi desamparado o justo, nem a sua descendência mendigando o pão* (Sl 36, 25); igualmente, o Senhor promete e diz: *Não vos preocupeis, pois, dizendo: Que havemos de comer?, ou: Que havemos de beber? ou: Com que nos vestiremos? Por tudo isso se afligem os gentios; mas vosso Pai bem sabe que necessitais de todas essas coisas. Buscai primeiro o reino de Deus e a sua justiça, e tudo isso vos será dado por acréscimo* (Mt 6, 31-33).

Aos que buscam o reino e a justiça de Deus, promete-se que tudo lhes será dado. Com efeito, se tudo vem de Deus, nada falta a quem tem a Deus, se o próprio Deus não lhe falta. Assim Daniel, encerrado na cova dos leões por ordem do rei, recebeu milagrosamente o alimento: no meio das feras famintas e vorazes, o homem de Deus foi alimentado. Assim também Elias, durante a sua fuga pelo deserto, é servido por corvos e nutrido pelas aves do céu, que lhe trazem o alimento enquanto é perseguido. As feras perdoam, as aves rivalizam em servir, e no entanto os homens tramam insídias e se enraivecem: ó detestável crueldade da malícia humana!

O perdão dos pecados

22. A seguir, rogamos também pelo perdão dos nossos pecados, dizendo: *Perdoa-nos as nossas dívidas assim como nós perdoamos aos nossos devedores.* Depois de pedirmos o necessário sustento, devemos pedir também o perdão dos pecados, para que nós, que somos alimentados por Deus, vivamos igualmente em Deus, e não busquemos apenas a vida presente e temporal, mas também a eterna. Ora, só poderá chegar à vida eterna aquele a quem tiverem sido perdoados os pecados, que o Senhor no Evangelho chama dívidas: *Perdoei-te*

toda a dívida porque assim me suplicaste (Mt 18, 32).

Como é necessário que nos lembrem que somos pecadores e que temos de rogar pelos nossos pecados, para sermos conscientes dos nossos delitos ao pedirmos o perdão de Deus! Como é providente e salutar sermos avisados dessa nossa condição! E para que ninguém se vanglorie de ser inocente, e acabe por perecer devido à sua soberba, o Senhor avisa-nos e mostra--nos que pecamos todos os dias, e por isso nos manda orar diariamente pelos nossos pecados.

Também o Apóstolo João nos adverte no mesmo sentido numa das suas Epístolas: *Se dissermos que não temos pecado, enganamo-nos a nós mesmos e a verdade não está em nós. Mas se confessarmos os nossos pecados, fiel e justo é o Senhor, que nos perdoa as nossas maldades* (1 Jo 1, 8-9). Nesta sua Epístola, João fala portanto de dois aspectos: por um lado, diz que devemos orar por causa dos nossos pecados, e por outro, que por esta oração alcançaremos o perdão de Deus. Por isso chama fiel a Deus, que cumpre a sua promessa de perdoar-nos, pois Aquele que nos ensinou a rezar pelas nossas dívidas e pecados garantiu-nos também a sua misericórdia paterna e o perdão que dela se seguiria.

23. O Senhor vincula claramente esta lei a uma determinada condição e acrescenta-lhe uma promessa: devemos pedir que as nossas dívidas sejam perdoadas *na mesma medida* em que nós perdoamos aos nossos devedores. Temos de ter clara consciência de que não conseguiremos o que pedimos quanto aos nossos pecados, se não fizermos o mesmo com os que pecaram contra nós. Assim, diz-se noutra passagem: *Com a medida com que medirdes, sereis medidos* (Mt 7, 2). E aquele servo que não quis perdoar ao seu companheiro, depois de o amo lhe ter perdoado toda a dívida, é encerrado no cárcere; por não querer perdoar ao seu companheiro, deixou de

se beneficiar do perdão que o Senhor lhe havia concedido.

Cristo sublinha este preceito com grande vigor e energia: *Quando vos puserdes de pé para orar, se tiverdes alguma coisa contra alguém, perdoai-lhe primeiro, para que também o vosso Pai que está nos céus vos perdoe os vossos pecados. Se vós não perdoardes, tampouco o vosso Pai que está nos céus vos perdoará os vossos pecados* (Mc 11, 25). Não terás nenhuma desculpa no dia do Juízo, pois serás julgado pela tua própria sentença, e sofrerás o que tu mesmo tiveres feito.

Deus manda-nos viver em paz, concórdia e unidade na sua casa, e quer que, uma vez renascidos, perseveremos tal como nos fez pelo segundo nascimento. Aqueles que começaram a ser filhos de Deus devem permanecer na sua paz, e aqueles que estão animados do mesmo espírito devem estar unidos num mesmo querer e num mesmo sentir. Por isso Deus não aceita o sacrifício daquele que está em discórdia, e manda-lhe que primeiro se afaste do altar e vá reconciliar-se com o seu irmão, para que depois possa apaziguar a Deus com as preces de um coração pacífico. O melhor sacrifício é, para Deus, a nossa paz e concórdia fraternas, um povo unido pela unidade do Pai, do Filho e do Espírito Santo.

24. De igual modo, naqueles sacrifícios que Abel e Caim ofereceram pela primeira vez [sobre a face da terra], Deus olhava mais para os seus corações do que para as suas oferendas, e agradou-lhe mais a oferenda daquele que também lhe agradava mais pelas suas intenções. O pacífico e justo Abel, ao oferecer o seu sacrifício com retidão, ensina a todos os homens que, ao fazerem as suas oferendas no altar, devem aproximar-se com temor de Deus, com simplicidade de coração, com inocência perante a lei, com a concórdia da paz. Aquele que soube oferecer o sacrifício a Deus com essas disposições interiores mereceu mais tarde tornar-se ele próprio um sacrifício a Deus e, como primeiro dentre os mártires, este

homem que gozava da santidade e da paz divinas teve o mérito de inaugurar com o seu sangue a glória da Paixão do Senhor. São estes os que o Senhor coroa, e são estes os que, no dia do Juízo, com Ele hão de ser juízes.

Aqueles que, pelo contrário, vivem em discórdias e contendas com os outros e não têm paz com os seus irmãos, não poderão evitar, mesmo que deem a vida pelo nome de Cristo, a acusação de terem dividido os seus irmãos, conforme nos asseguram o santo Apóstolo e a Sagrada Escritura, pois está escrito: *Quem odeia o seu irmão é homicida* (1 Jo 3, 15), e quem é homicida não pode alcançar o reino dos céus nem viver com Deus. Não pode estar com Cristo quem prefere imitar Judas a imitar Cristo. Que pecado é esse, que não pode ser perdoado nem com o batismo de sangue? Que crime é esse, que nem o martírio consegue expiar?

As tentações

25. Também nos recomenda o Senhor, como coisa necessária, que digamos na oração: *E não nos deixes cair em tentação.* Com estas palavras, dá-nos a entender que o inimigo nada pode contra nós se Deus não lho permite, para que todo o nosso temor, a nossa entrega e a nossa submissão se orientem unicamente para Deus, já que o maligno nada pode fazer por si mesmo nas nossas tentações sem a permissão divina.

Confirma-o a Sagrada Escritura ao dizer: *Nabucodonosor, rei da Babilônia, ergueu-se contra Jerusalém e atacou-a, e o Senhor entregou-a em suas mãos* (2 Rs 24, 11; Dn 1, 1-2). O maligno é dotado de poder contra nós segundo os nossos pecados, conforme está escrito: *Quem entregou Jacó à pilhagem e Israel aos predadores? Porventura não foi o mesmo Senhor contra o qual pecaram e cujos caminhos não quiseram seguir, a cuja lei não quiseram obedecer? Por isso brilhou sobre eles o furor da sua indignação* (Is 42, 24-25). Noutra passagem, quando Salomão pecou e se afastou dos preceitos e dos caminhos do Senhor, diz-se: *E o Senhor incitou Satanás contra o próprio Salomão* (1 Rs 11, 14).

26. Com efeito, Satanás recebeu um duplo poder, tanto o de castigar-nos para que assim seja paga a pena devida pelos nossos pecados, como o de pôr-nos à prova para que cresça a nossa glória. Foi o que aconteceu com Jó, como vemos, segundo declara o próprio Deus, que diz: *Eis que entrego tudo o que ele tem em tuas mãos, mas guarda-te de tocá-lo a ele* (Jó 1, 12). E no Evangelho diz o Senhor durante a sua Paixão: *Não terias nenhum poder sobre mim, se não te tivesse sido dado do alto* (Jo 19, 11).

Ao pedirmos para não cair em tentação, lembramo-nos além disso da nossa fraqueza e da nossa covardia; e ninguém que reza assim é capaz de ensoberbecer-se depois com arrogância, nem deixar-se levar pela altivez e pela jactância, nem vangloriar-se de ter confessado a fé ou de estar destinado ao martírio. Aliás, o próprio Senhor nos ensina a humildade quando diz: *Vigiai e orai para não cairdes em tentação, pois o espírito está pronto, mas a carne é fraca* (Mt 26, 41); assim, quando nos preparamos com disposições de humildade e de submissão, e atribuímos tudo a Deus, o Senhor, pela misericórdia que tem para conosco, concede-nos tudo o que lhe pedimos com temor e respeito.

A libertação do mal

27. Ao fim de tudo isto, a oração encerra-se com uma cláusula que resume todas as nossas preces e súplicas, pois dizemos por último: *Mas livra-nos do mal*. Nesta palavra estão compreendidos todos os males que o inimigo rumina contra nós neste mundo, dos quais confiamos com firme certeza ver-nos livres se Deus nos libertar, se conceder a sua ajuda aos que lha pedem e suplicam. Ou seja, quando dizemos *livra-nos do mal*, já não nos falta

nada por pedir, pois estamos pedindo a proteção de Deus contra todo o mal; uma vez obtida esta, estamos seguros e a salvo de tudo o que o diabo e o mundo possam fazer. Quem terá medo deste mundo se o próprio Deus o ampara nele?

A *fórmula universal de salvação*

28. Como podemos admirar-nos, queridíssimos irmãos, de que nesta oração que Deus nos ensinou Ele tenha resumido numa única fórmula de salvação tudo o que devemos pedir? Aliás, o profeta Isaías já o havia predito quando, cheio do Espírito Santo, falava da majestade e da piedade de Deus: *Palavra que conclui e resume com justiça, porque Deus dará um decreto resumido em toda a terra* (Is 10, 23). Com efeito, a Palavra de Deus, nosso Senhor Jesus Cristo, veio para todos e reuniu cultos e incultos de qualquer sexo e idade a fim de instruí-los nos preceitos da salvação, e por isso coligiu um resumo

completo dos seus ensinamentos, para que não se fatigasse a memória dos que os aprendem, e para que os homens de fé simples os fixassem rapidamente.

Por isso também, ao falar da vida eterna, havia explicado com maravilhosa e divina concisão todo o mistério dessa vida, dizendo: *Nisto consiste a vida eterna, em que te conheçam a ti, único Deus verdadeiro, e àquele a quem enviaste, Jesus Cristo* (Jo 17, 3). E o mesmo fez ao destacar os preceitos principais e mais importantes da Lei e dos Profetas: *Ouve, ó Israel, o Senhor teu Deus é o único Deus. Amarás o Senhor teu Deus com todo o teu coração, com toda a tua alma e com todas as tuas forças. Este é o primeiro mandamento, e o segundo é semelhante a ele: amarás o teu próximo como a ti mesmo. Nisto consiste toda a Lei e os Profetas* (Mc 12, 29-31; Mt 22, 40). Ou ainda: *Tudo o que quiserdes que os homens vos façam, fazei-o vós a eles, porque esta é a Lei e os Profetas* (Mt 7, 12).

O exemplo do Senhor

29. Por outro lado, o Senhor não nos ensinou a orar somente por meio das suas palavras, mas também das suas obras, pois Ele próprio orava e suplicava a Deus com frequência, mostrando-nos pelo exemplo o que deveríamos fazer, tal como está escrito: *Mas Ele retirava-se para lugares solitários e fazia oração* (Lc 5, 16); ou também: *Retirou-se para o monte a fim de orar, e passou toda a noite em oração a Deus* (Lc 6, 12). Se o Senhor, que não tinha pecado, se dedicava à oração, quanto mais não devemos rezar nós, os pecadores? E se passava toda uma noite em vigília orando sem cessar, quanto mais não devemos nós velar à noite, entregues à oração?

30. Ora, o Senhor não pedia e rogava por si mesmo, pois que haveria de pedir para si Aquele que era inocente? Orava somente pelos nossos delitos, como Ele próprio o declara ao dizer a Pedro: *Eis que Satanás vos buscou para vos joeirar*

como trigo, mas eu roguei por ti, para que a tua fé não desfaleça (Lc 22, 31). E depois roga ao Pai por todos, dizendo: *Não te peço somente por estes, mas também por todos os que hão de crer em mim pela sua palavra, para que todos sejam um, como tu, Pai, em mim e eu em ti, para que também eles sejam um em nós* (Jo 17, 20-21).

Como é grande a bondade de Deus e a sua solicitude pela nossa salvação, pois não se contentou com redimir-nos mediante o seu sangue, mas ainda quis rezar por nós! Vede qual foi o desejo daquele que intercedia por nós: que, assim como o Pai e o Filho são um só, também nós permanecêssemos nessa mesma unidade. Aqui se vê, também, que grande pecado comete aquele que rompe a unidade e a paz, quando o próprio Senhor orou para que se conservassem, pois quer que o seu povo viva nelas, e saiba que a discórdia não tem lugar no reino de Deus.

Orar com o coração

31. Quando nos pomos de pé para orar, queridíssimos irmãos, devemos estar atentos e entregar-nos à oração com toda a alma. Afastemos então todo e qualquer pensamento carnal e terreno, e não ocupemos o ânimo noutra coisa que não naquilo por que pedimos. Assim também o sacerdote, antes da oração [do Pai Nosso, na Missa], prepara a atenção dos fiéis com o Prefácio, dizendo: *Corações ao alto*, ao que o povo responde: *Já os temos no Senhor*. Desta forma, cada um se lembra de que não deve pensar em outra coisa senão em Deus. Fechemos, pois, o coração ao inimigo, de modo que só esteja aberto a Deus, e não toleremos que nele se insinue o adversário de Deus durante o tempo da oração.

Efetivamente, o maligno infiltra-se e penetra muitas vezes no nosso íntimo, e com sutis imaginações afasta o nosso pensamento de Deus, fazendo com que tenhamos uma coisa no coração e outra nos lábios. Quando, pelo contrário, temos uma intenção sincera, não oramos somente com o som das palavras, mas também com o espírito e os sentimentos. Que grosseiro desleixo é deixar-se dominar e distrair por pensamentos frívolos e profanos quando se suplica ao Senhor, como se uma coisa fosse o que se pensa e outra o que se diz a Deus!

Como queres que Deus te escute, se não te escutas a ti mesmo? Queres que Deus se lembre de ti quando oras, se tu mesmo não te lembras de ti? Isto é o mesmo que não se precaver em nada contra o inimigo; isto é o mesmo que ofender a majestade de Deus com a negligência em orar no próprio ato da oração; isto não é outra coisa senão velar com os olhos e dormir com o coração. O cristão deve, pelo contrário, velar com o coração enquanto dorme com os olhos, conforme está escrito no Cântico dos Cânticos a propósito da Igreja: *Eu durmo, mas o meu coração vigia* (Ct 5, 2). No mesmo sentido, o Apóstolo adverte-nos solícita e cuidadosamente, dizendo: *Perseverai na oração, velando nela* (Cl 4, 2); ensina-nos e mostra-nos assim que somente aqueles que Deus vê velando durante a oração é que alcançam dEle o que lhe pedem.

Orar com as obras

32. Aqueles que oram não devem apresentar-se diante de Deus com preces nuas e desprovidas de fruto: é vã a petição quando se roga a Deus com orações sem obras. Assim como *toda a árvore que não dá fruto será cortada e lançada ao fogo* (Mt 3, 10), assim não há dúvida de que toda a palavra que não dá fruto não pode merecer a aprovação de Deus, porque é infecunda em obras. A Sagrada Escritura no-lo adverte dizendo: *Boa é a oração acompanhada do jejum e da esmola* (Tb 12, 8). Aquele que, no dia do Juízo, há de dar a cada um o prêmio pelas suas obras e esmolas, também escuta agora com benignidade a oração que vem acompanhada dessas boas obras. Foi assim que o centurião

Cornélio mereceu ser escutado, porque *fazia muitas esmolas ao povo e orava a Deus continuamente. Estando ele em oração por volta da hora nona, apareceu-lhe um anjo que lhe deu testemunho das suas obras e lhe disse: Cornélio, as tuas orações e esmolas subiram como um memorial à presença de Deus* (At 10, 2-4).

33. As orações acreditadas diante de Deus pelos méritos das nossas obras sobem velozmente à presença dEle. É neste sentido que o anjo Rafael louva a oração contínua e as obras sempre renovadas de Tobias, ao dizer: *É honroso manifestar e reconhecer as obras de Deus. Com efeito, quando tu e Sara oráveis, eu apresentava as vossas orações diante da glória de Deus. E porque enterravas os mortos com piedade e não te incomodavas em levantar-te e deixar as tuas refeições, mas ias e cuidavas dos mortos, fui enviado para provar-te, e depois para curar-te a ti e a Sara, tua nora. Porque eu sou Rafael, um dos sete anjos justos que*

assistimos e habitamos na glória do Senhor (Tb 12, 11-15).

O Senhor adverte-nos e ensina-nos o mesmo por intermédio de Isaías, dizendo: *Rompe todo o nó de injustiça, rasga o garrote dos preços iníquos; alivia os oprimidos e destrói todos os contratos injustos; parte o teu pão com os que têm fome e introduz na tua casa os pobres que não têm teto; se vires o desnudo, veste-o, e não desprezes os da tua casa. Então a tua luz irromperá como a aurora, e bem depressa terás de que viver; a tua retidão irá adiante de ti, e a claridade de Deus te circundará. Então clamarás e Deus te escutará, e ao que quer que digas Ele responderá: Eis-me aqui* (Is 58, 6-9).

Deus promete que dará ouvidos àqueles que soltarem os nós atados pela injustiça nos seus corações e derem esmolas aos servos de Deus, conforme Ele ordena, e afirma que os protegerá; já que ouvem o que Deus lhes manda fazer, também merecem ser ouvidos por Ele. O santo Apóstolo Paulo, socorrido na sua extrema penúria pelos irmãos, equipara as obras destes aos sacrifícios oferecidos a Deus: *Fui alimentado com as oferendas que recebi de Epafrodito, enviadas da vossa parte; são odor de suavidade, hóstia aceita e agradável a Deus* (Fl 4, 18). Com efeito, quem tem piedade do pobre empresta a Deus, e quem dá do que é seu aos "mais pequenos", dá-o a Deus, oferecendo-lhe um sacrifício espiritual em odor de suavidade.

Orar sempre

34. No que diz respeito à frequência com que se deve orar, podemos orientar-nos pelos três jovens de que fala Daniel, que foram constantes na fé e vencedores no cativeiro. Vemos que observaram as horas terça, sexta e nona para orar, numa alusão ao mistério da Trindade, que haveria de ser revelado nos últimos tempos. Com efeito, entre a prima [as seis da manhã] e a terça [as nove] transcorrem três horas, outro tanto até a sexta [o meio-dia], e ainda outro tanto até a nona [as três da tarde];

constituem-se, assim, três grupos de três horas que formam uma perfeita trindade.

Os adoradores de Deus já tinham, pois, determinado estes intervalos de tempo havia muitos séculos, atribuindo-lhes um sentido espiritual e dedicando à oração esses tempos prescritos. Mais tarde manifestou-se o sentido sacramental oculto neste antigo procedimento dos justos, pois efetivamente foi à hora terça que o Espírito Santo desceu sobre os discípulos, realizando mediante o dom da graça as promessas do Senhor; foi à hora sexta que Pedro, tendo subido ao terraço da casa [de Simão o curtidor, em Jope, onde estava hospedado], foi advertido por uma visão e por uma voz divina de que deveria admitir todos os homens à graça do Batismo, pois anteriormente havia duvidado de que os pagãos pudessem receber essa purificação. Além disso, o Senhor foi crucificado à hora sexta, e à nona lavou com o seu sangue os nossos pecados, a fim de poder redimir-nos e vivificar-nos, pois foi nessa hora que coroou a sua vitória mediante a Paixão.

35. No entanto a nós, queridíssimos irmãos, foram-nos aumentados os tempos de oração, pois celebramos mistérios sagrados maiores do que os dos antigos. Porque também devemos orar de manhã cedo, para comemorar com essa oração matutina a Ressurreição do Senhor, coisa a que o Espírito Santo já se referia há muito tempo, ao dizer nos Salmos: *Meu Rei e meu Deus: a ti orarei, Senhor, e de manhã ouvirás a minha voz; pela manhã me porei na tua presença e te contemplarei* (Sl 5, 3-4). E noutro lugar, diz por intermédio do Profeta: *Velarão na aurora, dizendo-me: Vamos, retornemos ao Senhor nosso Deus* (Os 6, 1).

E quando o sol se põe e o dia acaba, é necessário que voltemos a insistir na oração. Cristo é o sol e o dia verdadeiros, e é no momento em que o sol e o dia se ocultam deste mundo que oramos e pedimos o retorno da luz, suplicando assim que Cristo volte para trazer-nos com a sua graça o dom da luz eterna. Que Cristo é o dia verdadeiro, afirma-o também o Espírito Santo nos Salmos: *A pedra que os construtores rejeitaram tornou-se a pedra angular. Foi o Senhor quem fez isto, e é maravilhoso aos nossos olhos. Este é o dia que o Senhor fez, regozijemo-nos e alegremo-nos nele* (Sl 117, 22-24). Da mesma forma, o profeta Malaquias mostra-nos que Cristo é chamado *sol*: *Para vós, que temeis o nome do Senhor, nascerá o sol da justiça, e sob as suas asas estará o vosso remédio* (Ml 4, 2).

Assim, se nas Sagradas Escrituras o sol e o dia verdadeiros são Cristo, não há nenhuma hora em que os cristãos não devam adorar a Deus, antes haverão de fazê-lo frequentemente e mesmo sempre. Desta forma nós, que estamos em Cristo, isto é, no sol e no dia verdadeiros, insistimos o dia todo na oração e nas súplicas; e quando pela lei deste mundo a noite substitui o dia, aos que oram não pode advir nenhum mal das trevas noturnas, porque a própria noite é luminosa para os filhos da luz. Com efeito, quando estará sem luz aquele que traz a luz no seu coração? Ou quando deixará de haver sol ou de ser dia para aquele cujo sol e cujo dia são Cristo?

36. Nós, que estamos sempre em Cristo, isto é, na luz, não devemos deixar de orar nem mesmo durante a noite. Assim, a viúva Ana, que orava e velava sem interrupção, merecia sempre mais e mais diante de Deus, conforme se diz no Evangelho: *Não se arredava do templo, servindo com jejuns e orações noite e dia* (Lc 2, 37).

Que fiquem no escuro os gentios, que ainda não foram iluminados, ou os judeus que, tendo-se afastado da luz, mergulharam nas trevas. Nós, queridíssimos irmãos, nós que estamos sempre na luz do Senhor, que sabemos quanto vale aquilo que começamos a ser ao recebermos a graça, e o retemos firmemente, nós devemos ter a noite em conta de dia. Devemos entender que estamos sempre na luz, sem deixar que nos estorvem as trevas das quais saímos, que as horas da noite impeçam a oração ou que a nossa prece se torne preguiçosa e desleixada. Regenerados e renascidos espiritualmente pela misericórdia de Deus, imitemos o que seremos; se havemos de ser habitantes daquele reino em que sempre é dia sem interrupção de noite, velemos já agora à noite como se fosse dia; e se ali havemos de orar sempre e de dar continuamente graças a Deus, não deixemos também aqui de orar e de dar graças.

Também escrito por volta de 252, este tratado de São Cipriano versa sobre as obras de misericórdia, e constitui de certa forma um complemento ao anterior, na medida em que aplica à vida o que se aprendeu "mediante as leis da oração".

Impressiona nesta obra a exigência com que o santo nos urge a um desprendimento efetivo, baseado inteiramente na fé. Começa ele por recordar-nos a misericórdia de que Deus nos cumulou; a seguir, descreve numa impressionante gradação os frutos da esmola e das obras de misericórdia, e ressalta que é necessário ter confiança em Deus remunerador, que jamais deixa de compensar o que se faz por Ele, e na proporção de *cem por um* (Mt 19, 29); fala dos temores que se podem insinuar, e insiste de maneira especial na necessidade de se enfrentar seriamente a cegueira e a servidão causadas pelo apego aos bens materiais. E conclui a sua exortação traçando uma sugestiva comparação entre pagãos e cristãos, e recordando as palavras de Cristo neste sentido e o exemplo legado pelos fiéis dos tempos apostólicos.

As suas instâncias recordam-nos dois temas especialmente candentes nos dias de hoje. Por um lado, lembram-nos que não existe uma espécie de "versão reduzida" do cristianismo. Todos os cristãos estão chamados ao heroísmo, à superação dos limites "razoáveis" impostos pelo comodismo. E, por outro, insistem em que não há uma vida interior "desencarnada", cega para as carências mais materiais e elementares do próximo.

Aliás, nos escritos dos Padres da Igreja encontram-se com muita frequência advertências igualmente fortes contra o perigo das riquezas, que "cegam o coração" para os verdadeiros valores e assim reduzem o homem a um plano infra-humano; na verdade, constituem um eco fiel da doutrina evangélica. Com efeito, Cristo veio trazer a todos, não só aos pobres nem só aos ricos, a salvação; e é condição da salvação, da plenitude humana e divina, que uns e outros sejam donos, e não escravos, das preocupações materiais. O rico não é, na doutrina patrística, uma espécie de vilão da peça, e sim o "administrador dos bens dos pobres", a quem incumbe a responsabilidade de gerenciá-los para o bem de todos os homens mediante as esmolas e as boas obras, de modo a não mergulhar nas "trevas da esterilidade".

SOBRE AS BOAS OBRAS E A ESMOLA

A misericórdia de Deus

1. São muitas e muito grandes, queridíssimos irmãos, as obras divinas que a generosa e liberal clemência de Deus Pai e de Cristo realizou e continua a realizar em nosso benefício, pois o Pai, a fim de nos salvar e de nos dar vida, enviou o seu Filho para nos redimir, e o Filho não somente quis ser enviado, mas também ser chamado "Filho do homem" e fazer-nos filhos de Deus. Abaixou-se para erguer o povo que antes jazia por terra, deixou-se ferir para curar as nossas feridas, fez-se escravo para trazer os escravos à liberdade, e suportou a morte para elevar os mortais

à imortalidade. Muitas são, e grandes, as dádivas da divina misericórdia!

Mais ainda, porém: que providência e que clemência não mostra Ele ao velar pela nossa salvação, para que o homem, que já havia sido redimido, gozasse também de todos os meios para conservar-se assim! Com efeito, mediante a sua vinda, o Senhor curou as feridas que Adão nos infligira e extraiu o veneno da antiga serpente, mas deu-nos também uma lei que nos ajudasse a permanecer sãos e mandou-nos que já não pecássemos, para que não sucedessem males piores aos pecadores; compeliu-nos, pois, com esse preceito, a guardar cuidadosamente a inocência. Mas a fragilidade e a covardia humanas não seriam capazes de guardá-la, e assim a piedade divina tornou a vir em nosso auxílio, abrindo-nos a via das obras de justiça e de misericórdia, para que pudéssemos consolidar a nossa salvação e purificar mediante as esmolas todas as manchas que tivéssemos contraído depois [do Batismo].

A esmola purifica o pecado

2. O Espírito Santo fala-nos e diz-nos na Sagrada Escritura: *Pelas esmolas e pela fé apagam-se os pecados* (cf. Pr 16, 6), e é claro que não se refere aos pecados cometidos antes do Batismo, pois estes são purificados pelo sangue e pela santificação de Cristo. Igualmente, volta a dizer noutra passagem: *Tal como a água apaga o fogo, assim a esmola extingue o pecado* (Ecl 3, 33). Aqui vem mostrar-nos e provar-nos que, tal como a lavagem com a água da salvação apaga o fogo do inferno, assim as esmolas e as obras justas extinguem as chamas ateadas pelos nossos delitos. E se no Batismo somente se perdoam uma única vez os pecados, a prática assídua e incessante das esmolas torna a reconciliar-nos com Deus, à imitação do que acontece no Batismo.

Isto mesmo ensina-o o Senhor no Evangelho, pois quando os discípulos foram censurados por comerem sem antes terem lavado as mãos, respondeu Ele: *Aquele que fez o que está no interior fez também o que está fora. Por isso dai esmola, e tudo será puro para vós* (Lc 11, 40-41). Ensinava assim e mostrava que o que importa não é lavar as mãos, mas o coração, e que as manchas interiores devem ser eliminadas com maior empenho do que as exteriores, pois aquele que purifica o que está dentro já começou a purificar o que está fora, e aquele que tem a alma limpa terá também limpos a pele e o corpo. Além disso, ao advertir-nos e mostrar-nos como devemos limpar-nos e purificar-nos, acrescentou que devíamos dar esmolas. O Misericordioso insta-nos a ter misericórdia, e como procura conservar os que remiu por um grande preço, ensina aos que se mancharam depois do Batismo o que devem fazer para tornar a estar limpos.

3. Reconheçamos, pois, queridíssimos irmãos, este salutar dom da misericórdia divina, e já que não conseguimos ver-nos totalmente livres de alguma ferida na consciência, apliquemo-nos a curar as nossas

chagas lançando mão dos remédios espirituais, limpando e purificando os nossos pecados. Ninguém se orgulhe de possuir um coração puro e imaculado, nem confie na sua própria inocência a ponto de pensar que está dispensado de aplicar o remédio às suas próprias feridas, pois está escrito: *Quem se gloriará de ter um coração casto, ou quem se jactará de estar limpo de todo o pecado?* (Pr 20, 9).

Também o Apóstolo João consigna na sua Epístola estas palavras: *Se dissermos que não temos pecado, enganamo-nos a nós mesmos e a verdade não está em nós* (1 Jo 1, 8). Uma vez que não podemos estar sem pecado, e uma vez que aquele que se julga livre de culpas é ou soberbo ou tolo, reconheçamos quanto nos é necessária e benfazeja a clemência divina que, ao prever que não faltariam nos sãos algumas chagas, estabeleceu remédios eficazes para tratá-las e curá-las novamente.

4. Portanto, queridíssimos irmãos, a Palavra divina nunca se calou nas

Sagradas Escrituras, quer no Antigo quer no Novo Testamento, nem deixou de impelir e de animar o povo a realizar sempre e em toda a parte as obras de Deus, e urgiu-o pela voz e pelas exortações do Espírito Santo a praticar a esmola, a fim de que adquirisse a firme esperança de chegar ao reino celestial.

Assim, Deus ordena a Isaías e manda-lhe: *Clama com fortaleza e não queiras deixar de fazê-lo. Levanta a tua voz como trombeta, anuncia ao meu povo os seus pecados e à casa de Jacó os seus crimes* (Is 58, 1). E tendo prescrito que lhes fossem recriminados os seus pecados, e ordenado, cheio de indignação, que lhes fossem impetuosamente repreendidos os seus delitos, diz-lhes que não poderiam satisfazer por eles nem mesmo com a oração, as preces e o jejum, nem tampouco poderiam apaziguar a ira divina, por mais que se revolvessem em cilícios e cinzas; mas, por fim, acrescenta que pelas esmolas poderiam aplacar o Senhor, e diz: *Parte o teu pão com os que têm fome e introduz na tua casa os pobres que não têm teto; se vires o desnudo, veste--o, e não desprezes os da tua casa. Então a tua luz irromperá como a aurora, e bem depressa terás de que viver; a tua retidão irá adiante de ti, e a claridade de Deus te circundará. Então clamarás e Deus te escutará, e ao que quer que digas Ele responderá: Eis-me aqui* (Is 58, 7-9).

A esmola atrai a misericórdia divina

5. Os meios de que dispomos para aplacar a Deus foram-nos dados, portanto, pela própria Palavra de Deus, pois os ensinamentos divinos mostraram o que devem fazer os pecadores, isto é, oferecer-lhe satisfação mediante as boas obras e purificar-se dos seus pecados com atos meritórios de misericórdia. Lemos numa passagem de Salomão: *Deposita a tua esmola no coração do pobre, e ele rogará por ti para que sejas libertado de todo o mal* (Eclo 29, 15). E também: *Aquele que fecha os seus ouvidos para não ouvir a voz do fraco, mesmo*

que clame a Deus, não haverá quem lhe preste ouvidos (Pr 21, 13).

Com efeito, não poderá merecer a misericórdia de Deus quem não tiver sido misericordioso, nem alcançará nada da piedade divina com os seus rogos quem não tiver acolhido com humanidade os rogos do pobre. Afirma-o e demonstra-o o Espírito Santo nos Salmos, ao dizer: *Bem-aventurado aquele que atende ao indigente e ao pobre; no dia da adversidade, o Senhor o livrará* (Sl 40, 2).

Tendo presentes estas advertências, o profeta Daniel, quando certa vez o rei Nabucodonosor se encontrava aterrado por um sonho terrível, deu-lhe o remédio para afastar os males com a ajuda de Deus – que o rei deveria implorar –, dizendo-lhe: *Por isso, ó rei, aceita o meu conselho: redime os teus pecados com esmolas, e as tuas injustiças com a piedade pelos pobres, e Deus terá paciência com os teus pecados* (Dn 4, 24). O rei, porém, [não seguiu esse conselho, e por isso] teve de experimentar as calamidades e de sofrer os males que havia pressentido, quando teria podido eludi-los e evitá-los se tivesse redimido os seus pecados com esmolas.

O mesmo afirma também o arcanjo Rafael, exortando à prática ampla e generosa da esmola com estas palavras: *Boa é a oração acompanhada do jejum e da esmola, porque a esmola livra da morte e lava os pecados* (Tb 12, 8.9). Dá-nos a entender assim que as nossas orações e o nosso jejum perdem força se não estiverem unidos às esmolas, e que as súplicas isoladas de pouco valem quando se trata de impetrar o favor de Deus, se não estão saturadas de atos e de obras. E o anjo revela e mostra e confirma que são as esmolas que tornam eficaz a nossa petição, que afastam a nossa vida dos perigos e libertam a nossa alma da morte.

A esmola livra da morte

6. Não dizemos estas coisas [que se seguem], queridíssimos irmãos, como

quem ainda pretende confirmar o que o Anjo disse mediante o testemunho da verdade. [Mesmo assim, convém ter em conta o seguinte:] Os Atos dos Apóstolos tornam-nos patente essa verdade, e, mais ainda, as coisas realmente acontecidas que lá se narram deixam claro também que as esmolas não somente nos livram da segunda morte [o inferno], como também da primeira [a morte corporal].

Tendo enfermado e morrido Tabita, que vivera entregue por completo às obras santas e à distribuição de esmolas, Pedro foi chamado para junto do seu cadáver exânime. Quando o Apóstolo chegou, com toda a diligência da sua caridade apostó-lica, rodearam-no as viúvas [da comuni-dade], mostrando-lhe com choro e com súplicas os mantos, as túnicas e todos os presentes que haviam recebido da fale-cida; suplicavam por ela, não tanto com as palavras que diziam, mas com as obras que a própria defunta praticara. Pareceu a Pedro que poderia fazer-se o que era pedido deste modo, e que não faltaria às viúvas o auxílio de Cristo, pois Ele próprio fora vestido nelas. Por isso, depois de ter feito oração, posto de joelhos, e de ter apresentado diante do Senhor, como advogado idôneo que era, as preces que os pobres e as viúvas lhe haviam confiado, voltou-se para o corpo, que jazia já lavado sobre o féretro: *Tabita*, disse-lhe, *levanta-te em nome de Jesus Cristo* (At 9, 40). E não faltou a Pedro o auxílio daquele que dissera no seu Evangelho que concederia o que quer que se pedisse em seu nome: a morte foi suspensa e o espírito retornou, e o corpo redivivo se reanimou e tornou à luz deste mundo, para assombro e admiração de todos. Tanto puderam os méritos da misericórdia, tão grande foi o valor das obras santas! Aquela que tão generosamente distribuíra entre as viúvas necessitadas o que precisavam para poderem viver, mereceu voltar à vida pelas súplicas delas.

A esmola conduz à perfeição

7. Da mesma forma o Senhor, Doutor da nossa vida e Mestre da salvação eterna, que vivifica o povo fiel e conduz os vivificados até à eternidade, dentre os mandamentos divinos e preceitos celestes que dá no Evangelho, não manda nem prescreve nenhum com tanta insistência como o de que se deve dar esmola com frequência e não andar atrás das riquezas terrenas, mas procurar de preferência os tesouros do céu. *Vendei o que possuís e dai esmola* (Lc 12, 33), diz; e noutra passagem: *Não queirais acumular para vós tesouros sobre a terra, onde a traça e a ferrugem os consomem, e onde os ladrões os desenterram e roubam. Entesourai para vós tesouros no céu, onde nem a traça nem a ferrugem os consomem, e onde os ladrões não os desenterram. Porque onde estiver o teu tesouro, aí estará também o teu coração* (Mt 6, 19-21). E para mostrar em que consistem a perfeição e a plenitude, que ultrapassam a simples observância da lei, recomenda:

Se queres ser perfeito, vai, vende tudo o que tens e dá-o aos pobres, e terás um tesouro nos céus; e depois vem e segue-me (Mt 19, 21).

Noutra passagem ainda, afirma igualmente que quem procura adquirir a graça celeste e comprar a salvação eterna, deve esquecer-se de todas as suas coisas e comprar a pérola preciosa, isto é, a vida eterna, que custou o precioso sangue de Cristo, trocando por ela o seu patrimônio inteiro. *O reino dos céus é semelhante a um mercador que busca pérolas preciosas. Quando encontra uma de grande valor, vai, vende tudo o que tem e compra-a* (Mt 13, 45-46).

A esmola conduz ao céu

8. Enfim, Cristo também chama filhos de Abraão aos que se empenham em ajudar e alimentar os pobres. Quando Zaqueu lhe diz: *Eis que dou metade dos meus bens aos pobres, e, se defraudei alguém, devolvo-lhe o quádruplo* (Lc 19, 8), Cristo responde-lhe:

Hoje chegou a salvação a esta casa, pois também este é filho de Abraão (Lc 19, 9). Ora, se o patriarca Abraão creu em Deus e isso lhe foi imputado para sua justificação, igualmente aquele que pratica a esmola conforme o preceito divino crê em Deus, e quem possui a verdade da fé também conserva o temor de Deus, e quem conserva o temor de Deus pensa nEle enquanto alivia os sofrimentos dos pobres.

Esse, pois, realiza essas obras porque crê em Deus, porque sabe que é verdade tudo aquilo que o Verbo de Deus ensinou, porque sabe que a Sagrada Escritura não pode mentir; ou seja, porque sabe que as árvores infrutíferas, isto é, os homens estéreis em boas obras, serão cortados e lançados ao fogo, ao passo que os misericordiosos serão chamados a ter parte no reino dos céus. Noutra passagem, o Senhor chama fiéis aos que se empenham [nas obras de misericórdia] e dão fruto, mas nega a sua confiança aos infrutíferos e aos vazios, dizendo: *Se não fostes fiéis nas riquezas iníquas, quem vos confiará as verdadeiras? E se não fostes fiéis no alheio, quem vos confiará o que vos pertence?* (Lc 16, 11-12).

A retribuição divina

9. Se por acaso estás receoso e te preocupas de que, ao começares a empenhar-te em praticar a esmola, acabes por dilapidar o teu patrimônio por excesso de liberalidade e venhas a parar na miséria, toma coragem a este respeito, fica tranquilo. Nunca se esgota aquilo que se gasta a serviço de Cristo, aquilo que se emprega numa obra celestial. E novamente não te prometo isto da minha parte, mas apoiado nas Sagradas Escrituras e revestido da autoridade das promessas divinas. Não fala o Espírito Santo pela boca de Salomão, dizendo: *Quem dá aos pobres nunca padecerá necessidade, mas quem deles desvia o olhar ver-se-á em grande penúria* (Pr 28, 27)? Mostra-nos assim que os que praticam a misericórdia não podem

cair na miséria, e que mais provavelmente serão os mesquinhos e estéreis que, com o correr do tempo, acabarão por ver-se reduzidos à pobreza.

No mesmo sentido, vemos o santo Apóstolo Paulo exclamar, cheio de inspiração divina: *Aquele que dá a semente ao semeador também vos providenciará o pão para comer e multiplicará a vossa sementeira e fará crescer as colheitas da vossa justiça, para que em tudo vos enriqueçais* (2 Cor 9, 10-11). E acrescenta mais adiante: *Pois o exercício deste dever não somente supre o que falta aos santos, mas também transborda em muitas ações de graças a Deus* (2 Cor 9, 12), pois quando os pobres dirigem a Deus as suas orações de ação de graças pelas nossas esmolas e boas obras, Deus faz crescer em recompensa os bens do esmoler.

Já no Evangelho o Senhor perscrutava os corações dos pérfidos e incrédulos, e denunciava-os em alta voz, dizendo: *Não vos preocupeis, dizendo: Que havemos de comer?, ou: Que havemos de beber?, ou: Com que nos vestiremos? Por tudo isto se afligem os gentios. Mas o vosso Pai bem sabe que de tudo isso tendes necessidade. Buscai primeiro o reino de Deus e a sua justiça, e tudo isso vos será dado por acréscimo* (Mt 6, 31-33). Diz, portanto, que, aos que buscam o reino e a justiça de Deus, tudo o mais lhes será dado por acréscimo e tudo receberão de graça; e quando chegar o dia do Juízo, diz o Senhor, serão recebidos no reino que há de vir os que tiverem sido misericordiosos no seio da sua Igreja.

Temores Néscios

10. Temes que o teu patrimônio se arruíne se te puseres a distribuir grandes esmolas, e não reparas, pobre miserável, que, enquanto temes perder os teus bens de família, vais perdendo a tua própria vida e a tua salvação; preocupas-te de que não diminuam em nada os teus haveres, e não percebes que estás diminuindo tu mesmo, porque amas mais as riquezas do

que a tua alma; por teres medo de perder os teus bens, perdes-te a ti mesmo. Por isso clama o Apóstolo com toda a razão: *Nada trouxemos para este mundo, e dele nada podemos levar. Se possuirmos, pois, o alimento e com que nos cobrir, estamos contentes. Os que querem enriquecer-se caem em tentação e em laços e em muitos desejos perniciosos, que mergulham os homens na perdição e na ruína. A raiz de todos os males é a cobiça, e muitos que se deixaram seduzir por ela naufragaram na fé e atraíram para si inúmeras dores* (1 Tm 6, 7-10).

11. Temes que o teu patrimônio se arruíne se te puseres a distribuir grandes esmolas? Quando aconteceu que faltasse ao justo o necessário para viver? Não está escrito: *O Senhor não matará de fome a alma do justo* (Pr 10, 3)? Elias foi alimentado no deserto por corvos que o serviam, e Daniel, lançado na cova dos leões para ser pasto deles por ordem do rei, recebe um alimento enviado por Deus; e tu temes que te falte alimento por distribuíres

esmolas e assim adquirires mérito diante de Deus? Ele mesmo te responde no Evangelho, repreendendo aqueles que hesitam e que têm pouca fé: *Olhai as aves do céu, que não semeiam, nem ceifam, nem fazem provisões nos celeiros, e contudo vosso Pai celeste as alimenta. Não valeis vós muito mais do que elas?* (Mt 6, 26). Deus alimenta as aves, e os passarinhos encontram de dia o seu alimento; não têm o menor sentido das coisas divinas, e no entanto não lhes faltam nem a bebida nem o alimento; e tu pensas que alguma coisa há de faltar ao cristão, ao servo de Deus, àquele que está dedicado às boas obras, àquele que é tão caro ao seu Senhor?

12. Ou será que pensas que quem dá de comer a Cristo não será por Cristo alimentado, ou que faltarão os bens da terra àquele a quem se concedem bens celestes e divinos? Donde te vêm esses pensamentos incrédulos, essas ímpias e sacrílegas reflexões? Que faz na casa da fé um coração perdido? Como se poderá chamar cristão

alguém que não crê em Cristo para nada? Antes mereccerias chamar-te fariseu.

Com efeito, quando o Senhor fala no Evangelho da esmola, e nos adverte, lealmente e para nosso bem, que façamos amigos capazes de nos receberem mais tarde nas moradas eternas, despendendo com generosidade o dinheiro terreno, acrescenta a seguir esta passagem: *Os fariseus, que eram muitíssimo avarentos, ouviam todas estas coisas e riam-se dele* (Lc 16, 14). E destes vemos alguns na Igreja: têm fechados os ouvidos e cegos os corações, e não recebem luz alguma dos preceitos espirituais e salutares; não deve estranhar-nos que condenem nos seus ensinamentos os servos [de Deus], quando vemos que rejeitam o próprio Senhor.

A cegueira de coração

13. Por que dialogas com pensamentos tão inúteis e estultos, deixando que o medo e a preocupação pelo futuro te impeçam de

agir? Por que alegas vãs desculpas, que não passam de sombras e de vaidades? Confessa no teu íntimo a verdade e, uma vez que não podes enganar os que a conhecem, expõe os segredos mais recônditos da tua alma. As trevas da esterilidade tomaram posse do teu espírito porque ele se afastou da luz da verdade, e a espessa e profunda noite da cobiça cegou o teu coração de carne. És escravo e prisioneiro do teu dinheiro, estás atado com as cadeias e os laços da tua avareza, e voltaste à servidão da qual Cristo te havia libertado.

Guardas o dinheiro, mas o guardado não te guardará a ti; acumulas um patrimônio cujo peso te oprime; e não te lembras sequer da resposta que Deus deu ao rico, que com estúpida alegria, se regozijava da abundância das suas colheitas: *Néscio* – diz-lhe –, *esta noite virão demandar a tua alma, e as coisas que acumulaste, para quem ficarão?* (Lc 12, 20). Por que não te ocupas senão das tuas riquezas? Por que aumentas sempre mais e mais o peso de um patrimônio que não servirá senão para teu tormento? Não vês que, quanto mais rico para o mundo, mais pobre te farás para Deus? Divide as tuas rendas com Deus, partilha os teus frutos com Cristo, torna Cristo participante dos teus bens terrenos, para que Ele te torne coerdeiro do seu reino celestial.

14. Enganas-te miseravelmente, quem quer que sejas, se te julgas rico no mundo. Ouve, no Apocalipse, a voz do teu Senhor, que increpa com justas repreensões os homens: *Dizes: Sou rico, e estou cheio de bens, e não tenho necessidade de nada; e não sabes que és miserável, pobre, cego e nu. Aconselho-te a comprares do meu ouro acrisolado pelo fogo, para que te enriqueças; e vestes brancas para te vestires e para que não apareça a vergonha da tua nudez; e colírio para ungires os teus olhos, a fim de que vejas* (Ap 3, 17-18). Assim, tu que estás saciado e és rico, compra para ti ouro acrisolado, para que possas ser como o ouro puro depois de te teres purificado das tuas imundícies pelo fogo e de te teres limpado

com as esmolas e as obras santas. Compra para ti uma veste branca, para te vestires com a branca túnica de Cristo, tu que antes estavas nu como Adão e inspiravas horror pela tua feiura.

E tu, matrona, que és mulher de posses e rica, unge os teus olhos, não com os cosméticos do demônio,[1] mas com o colírio de Cristo, para que chegues a ver a Deus, ganhando méritos diante dEle com os teus bons costumes e as tuas boas obras.

15. Além disso, tal como és hoje, nem mesmo podes fazer boas obras na Igreja, pois os teus olhos tão pintados de negro estão cobertos de trevas e de noite e não enxergam o pobre e o necessitado. Pensas que participas do sacrifício dominical, tu que a todo o custo evitas olhar sequer a caixa das esmolas, tu que vens ao templo

---

(1) Neste trecho, valendo-se de uma hipérbole, São Cipriano, mais do que condenar o uso dos cosméticos em si, condena a vaidade e a cegueira espiritual. [N.E.]

sem oferenda, tu que te aproveitas das oferendas trazidas pelos pobres?

Contempla, senhora, no Evangelho, a
viúva que, apesar dos apertos e das angús-
tias da sua pobreza, dava esmola tendo
em conta os preceitos celestes, e lançou
no gazofiláceo as duas únicas moedas que
lhe restavam. Quando o Senhor a perce-
beu e viu, tomou em consideração não
o valor, mas a intenção da sua esmola;
não o pouco que dera, mas o pouco que
tinha para dar, e disse: *Em verdade vos
digo que esta viúva lançou mais que todos
os outros no tesouro de Deus, pois todos
os outros deram do que lhes sobrava, mas
esta, da sua pobreza, deu tudo o que tinha
para viver* (Lc 21, 3-4). Como é feliz e gloriosa esta mulher, que mereceu ser lou-
vada ainda antes do dia do Juízo pela voz
do próprio Juiz! Envergonhe-se o rico da
sua esterilidade e também da sua infe-
licidade. Esta viúva mostra-se duplamente viúva pobre no seu ato, pois tudo
aquilo que se dá [na igreja] destina-se aos
órfãos e às viúvas, e ela dá portanto o que

deveria receber, para que compreendamos que castigo está reservado ao rico avarento, já que, diante desse exemplo, nem mesmo os pobres estão isentos de dar esmola. E para que entendamos que as esmolas se dão a Deus, e que adquirem mérito todos os que as praticam, Cristo fala do *tesouro de Deus* e afirma que a viúva lançou os seus dois quadrantes entre as dádivas feitas a Deus, para que fique cada vez mais claro que quem dá aos pobres empresta a juros a Deus.

O bem-estar dos filhos

16. Também não pode afastar-se e escusar-se das obras boas e santas, queridíssimos irmãos, o cristão que pensa poder alegar como pretexto a necessidade de prover ao bem-estar dos filhos, quando na verdade devemos ter diante dos olhos, ao distribuir dádivas espirituais, que é Cristo quem as recebe, como aliás Ele mesmo o afirmou; não se trata de antepor aos

nossos filhos os que são servos [de Deus] como nós, mas sim de antepor-lhes o Senhor. Ele próprio no-lo ensina e adverte: *Quem ama o seu pai ou a sua mãe mais do que a mim, não é digno de mim; e quem ama o seu filho ou a sua filha mais do que a mim, não é digno de mim* (Mt 10, 37). No Deuteronômio registram-se, da mesma forma, afirmações equivalentes, destinadas a reforçar a fé e o amor a Deus: *Os que dizem ao seu pai e à sua mãe: Não vos conheço, e não reconheceram os seus próprios filhos. Estes observaram a tua palavra e foram fiéis à tua aliança* (Dt 33, 9).

Efetivamente, se amamos a Deus de todo o coração, não devemos antepor a Ele nem os nossos pais nem os nossos filhos. Também João consigna na sua Epístola que não há amor de Deus naqueles que se recusam a ser misericordiosos com o pobre: *Aquele que tiver riquezas deste mundo e vir o seu irmão passar necessidade e lhe fechar as suas entranhas, como permanecerá nele a caridade de Deus?* (1 Jo 3, 17). Pois se Deus recebe a título de empréstimo as esmolas feitas aos pobres, e se damos a Cristo quando damos aos "pequeninos.", não há por que preferir o terreno ao celestial, nem antepor o humano ao divino.

17. O primeiro livro dos Reis fala igualmente de uma viúva que, tendo consumido numa época de seca e de escassez todo o seu modesto sustento, cozeu no seu borralho, com o resto do óleo e da farinha que lhe sobrara, um pão que pretendia comer com o seu filho, para depois morrerem. Quando, porém, se lhe apresentou o profeta Elias, e pediu que primeiro lhe dessem de comer a ele, para depois se alimentarem ela e a criança do que sobrasse, a viúva não duvidou em condescender, nem a mãe antepôs o filho a Elias por causa da fome e da necessidade. Fez ela, no seu íntimo e diante de Deus, aquilo que a Deus agradava, e com prontidão e diligência ofereceu ao profeta o que este lhe pedia: não uma parte da sua abundância, mas todo o pouco que tinha. Preferiu alimentar um estranho a dar de comer ao seu filho

faminto, e deu mais atenção à misericórdia do que à penúria e à fome.

Nesta obra de salvação, a viúva desprezou a vida carnal para fazer crescer a vida espiritual; e Elias, que prefigurava Cristo, mostrou como o Senhor haveria de recompensar-lhe a misericórdia, dizendo-lhe: *Isto diz o Senhor: Não faltará farinha à que foi fiel, e não diminuirá o óleo na ânfora até ao dia em que o Senhor mandar chuvas sobre a terra* (1 Rs 17, 14).

Conforme a promessa divina, a viúva viu aumentado e multiplicado tudo o que dera, e pela sua santa obra e pelos méritos da sua misericórdia os recipientes encheram-se de farinha e de trigo. Ao fim e ao cabo, portanto, esta mãe não tirou do filho o que deu a Elias; pelo contrário, a sua piedade e generosidade acabaram por reverter em benefício dele.

Tenhamos em conta que a viúva não conhecia a Cristo, não tinha escutado os seus preceitos nem fora redimida pela sua Cruz e Paixão, para oferecer-lhe dessa maneira o alimento e a bebida em troca do seu sangue. Veja-se assim como é grande o pecado que comete quem se antepõe a si próprio – e antepõe os seus filhos – a Cristo, reservando para si o patrimônio e deixando de compartilhar a pobreza com os indigentes.

O bem sobrenatural dos filhos

18. Mas [dirás], são muitos os filhos na minha casa, e o seu número impede que eu me dedique com mais generosidade às boas obras. Pelo contrário, é por isso mesmo, por seres pai de muitos filhos, que deves ser mais generoso: são muitas as vidas pelas quais deves rogar a Deus, muitos os pecados que redimir, muitas as consciências que purificar, muitas as almas que salvar. Nesta vida temporal, quanto maior é o número de crianças que alimentar e sustentar, tanto maiores são também os gastos; e o mesmo ocorre na vida espiritual e celeste: quanto mais filhos se têm, tanto maior deve ser o empenho nas esmolas.

Jó oferecia, por isso, numerosos sacrifícios pelos seus filhos, e sacrificava a Deus tantas vítimas quantos eram os filhos que havia na sua casa. E como não faltavam diariamente os pecados cometidos por estes diante de Deus, não deixava de oferecer sacrifícios diários que pudessem purificá-los. Assim o prova a Sagrada Escritura: *Jó, homem verdadeiro e justo, tinha sete filhos e três filhas, e purificava-os oferecendo por eles vítimas a Deus segundo o seu número, e um novilho pelos pecados que cometiam* (Jó 1, 2.5). Portanto, se de verdade amas os teus filhos, se nutres por eles um afeto pleno e paternal, deves dedicar-te mais às esmolas para recomendar os teus filhos a Deus mediante as boas obras.

19. Não penses que é verdadeiro pai dos teus filhos aquele que não passa de um pai mortal e frágil. Assemelha-te, pelo contrário, Àquele que é o Pai espiritual, imortal e eterno dos seus filhos. Põe nas mãos dEle os bens que guardas para os teus herdeiros; Ele será o tutor dos teus filhos; Ele será o seu curador, e será Ele quem os protegerá

de todas as privações deste mundo com o seu divino poder. O patrimônio que foi confiado a Deus, nem o Estado o arrebata, nem o fisco dele se apodera, nem maquinação forense alguma é capaz de tomá-lo. Bem segura está a herança que se confia à guarda de Deus.

Isto é que é prover ao futuro dos entes queridos, isto é que é preparar com caridade paterna a herança vindoura; testemunha-o a Sagrada Escritura ao dizer: *Fui jovem e já sou velho, e nunca vi desamparado o justo, nem a sua descendência mendigando o pão. Todo o dia ele se compadece e dá emprestado, e a sua descendência será abençoada* (Sl 36, 25). E também: *Aquele que vive sem mancha na justiça, esse deixará filhos felizes* (Pr 20, 7). Portanto, serás um pai criminoso e traidor se não velares fielmente pelo bem dos teus filhos, se não procurares que se mantenham na religião e na verdadeira piedade. Por que te dedicas com mais empenho ao patrimônio terreno do que ao celestial, e preferes recomendar os teus filhos ao diabo a recomendá-los a Cristo? Pecas duplamente e cometes um duplo crime, porque não atrais sobre eles o auxílio de Deus Pai e os ensinas a amar as riquezas mais do que a Cristo.

20. Sê antes, para os teus filhos, um pai como o foi Tobias. Dá aos teus pequenos conselhos salutares e úteis como ele o fez, e manda-lhes o que ele mandava ao dizer: *E agora, filhos, ordeno-vos que sirvais a Deus em verdade e que façais diante dEle o que lhe agrada; e mandai aos vossos filhos que pratiquem a justiça e as esmolas e sempre se lembrem de Deus e bendigam o seu nome em todo o tempo* (Tb 14, 10-11). E também: *Meu filho, tem Deus presente todos os dias da tua vida, e não pretendas deixar de lado os seus preceitos. Pratica a justiça todos os dias da tua vida, e não queiras andar pelo caminho da iniquidade, porque, se agires segundo a verdade, as tuas obras serão respeitadas. Dá esmolas com os teus bens, e não desvies o teu rosto de nenhum pobre, para que Deus não desvie de ti o seu rosto. Pratica a misericórdia de acordo com o que tenhas: se tiveres muito, dá muitas esmolas; se tiveres pouco, reparte até mesmo este pouco. E não temas quando fizeres*

caridade, pois estarás preparando para ti um bom prêmio para o dia da necessidade, porque a esmola liberta da morte e não permite que se seja lançado às trevas. Boa coisa é a esmola para todos os que a praticam diante do sumo Deus (Tb 4, 6-12).

Um espetáculo para Deus

21. Que belo espetáculo é este, queridíssimos irmãos, se a ele assiste o próprio Deus! Se nos jogos públicos dos pagãos já se considera algo de grande e de glorioso que a eles assistam os procônsules ou os imperadores, e os seus organizadores não poupam preparativos nem gastos para lhes agradar, quanto mais ilustre não será o espetáculo e quanto maior não será a glória se temos Deus e Cristo por espectadores?[2] Não deveremos nós

---

(2) São Cipriano alude aqui ao costume romano de os ricos organizarem jogos públicos – lutas de gladiadores e de feras, batalhas navais, corridas de bigas e quadrigas –, com o fim de agradarem à administração imperial e à populaça, e obterem para si honrarias ou cargos públicos.

fazer preparativos mais faustosos e gastos mais vultuosos para um espetáculo a que vêm assistir as potestades do céu e todos os anjos, e nos quais o organizador não pede que lhe deem uma quadriga ou um consulado, mas a vida eterna, e em que não se granjeia o vão e passageiro favor do populacho, mas o prêmio perpétuo do reino dos céus?

22. E para maior confusão dos mesquinhos e dos estéreis, dos que nada fazem pela sua salvação por estarem atados pela avidez do dinheiro, e para que o rubor da sua vergonha e da sua ignomínia esbofeteie mais violentamente a sua sórdida consciência, cada qual imagine como o demônio comparece na presença do Supremo Juiz com os seus servos – isto é, com o povo da perdição e da morte –, e compara esse seu povo com o povo de Cristo, dizendo:

"Eu, por estes que vês comigo, não recebi bofetadas, nem fui açoitado, nem carreguei a cruz, nem derramei o meu sangue, nem resgatei esta minha família a preço de paixão e de sofrimento; também não lhes prometo o reino celeste, nem os restituo ao Paraíso devolvendo-lhes a imortalidade. No entanto, vê quão preciosos e grandes espetáculos organizam para mim, preparando-os à custa de ímprobos e enormes trabalhos e de gastos custosíssimos, muitas vezes vendendo os seus bens ou tendo de empenhá-los. E quando as apresentações não lhes saem bem, são expostos à execração e aos apupos, e por vezes quase são apedrejados pelo furor popular.

Mostra-me tu, Cristo, os teus organizadores de espetáculos, os teus ricaços, os que veem afluir-lhes às mãos posses copiosas: por acaso organizam semelhantes espetáculos no seio da Igreja, na tua presença e sob a tua presidência, empenhando ou vendendo os seus bens? Ou, melhor, aumentam as suas posses transformando-as em tesouros celestiais? Nestes meus espetáculos caducos e terrenos, ninguém é alimentado, ninguém é vestido, ninguém recebe o socorro de um pedaço de pão ou de um sorvo de bebida. Aqui tudo se dissipa no meio da loucura dos organizadores e do logro dos espectadores, com uma pródiga, estúpida e ilusória vaidade de prazeres. Ali [nos 'espetáculos' cristãos, nas obras de misericórdia], tu és vestido e alimentado nos teus pobres, e ofereces aos que praticam as boas obras a vida eterna. E, no entanto, mal chega perto do número dos meus, que se perdem, o número dos teus, que honras com divinas mercês e prêmios celestes".

Servir a Cristo nos pobres

23. Que responderemos a isso, queridíssimos irmãos? Com que razões defenderemos, com que desculpas justificaremos essa sacrílega mesquinhez dos ricos e essas mentes cegadas pela noite da cupidez, nós que somos inferiores aos servos do diabo porque não queremos corresponder a Cristo nem com uma pequena parte dos nossos bens em troca da sua

Paixão e do seu Sangue? Ele nos deu os seus preceitos e ensinou aos seus servos o que deviam fazer; proferiu de antemão a sua sentença e predisse como haveria de ser o Juízo, ao prometer o prêmio aos que se dedicassem às obras de misericórdia, e ao ameaçar com suplícios os que não dessem fruto. Que desculpa pode ter aquele que nega a esmola, que defesa pode ter aquele que não tem nenhuma obra boa? Não restará ao Senhor senão cumprir as suas ameaças no servo que não faz o que lhe manda o seu Amo.

Eis o que diz o Senhor: *Quando o Filho do homem vier na sua glória, e todos os anjos com Ele, sentar-se-á no seu trono de glória e reunir-se-ão na sua presença todas as nações, e Ele separará uns dos outros como o pastor separa as ovelhas dos cabritos, e porá as ovelhas à sua direita e os cabritos à sua esquerda.*

Então dirá o Rei aos que estão à sua direita: Vinde, benditos de meu Pai, e recebei o reino que está preparado para vós desde a origem do mundo. Porque tive fome e me destes de comer, tive sede e me destes de beber, fui peregrino e me acolhestes, estive nu e me vestistes, estive enfermo e me visitastes, fui encarcerado e viestes ver-me. Então responder-lhe-ão os justos, dizendo-lhe: Senhor, quando foi que te vimos faminto e te alimentamos, sedento e te demos de beber? Quando foi que te vimos peregrino e te acolhemos, nu e te vestimos? Ou quando te vimos enfermo ou no cárcere, e fomos visitar-te? E o Rei, em resposta, dir-lhes-á: Em verdade vos digo, todas as vezes que o fizestes a um destes meus irmãos mais pequeninos, foi a mim que o fizestes.

Depois dirá aos que estão à sua esquerda: Afastai-vos de mim, malditos, para o fogo do inferno, preparado para o diabo e os seus anjos. Porque tive fome e não me destes de comer, tive sede e não me destes de beber, fui peregrino e não me hospedastes, estive nu e não me vestistes, estive enfermo e no cárcere e não me visitastes. Então responderão eles, dizendo-lhe: Senhor, quando te vimos faminto, ou sedento, ou peregrino, ou nu, ou enfermo, ou na prisão, e não te servimos? E Ele lhes responderá: Em verdade vos digo, todas as vezes que não o fizestes a *um destes meus irmãos mais pequeninos, foi a mim que deixastes de fazê-lo. E eles irão para o fogo eterno, mas os justos para a vida eterna* (Mt 25, 31-46).

Podia Cristo explicar-nos qualquer coisa de maior importância? Havia melhor maneira de nos urgir a praticar obras de justiça e de misericórdia, do que dizendo--nos que é a Ele que se oferece tudo o que se dá ao necessitado e ao pobre, e que é a Ele que se ofende quando não se dá ao necessitado e ao pobre? Quem não se move por respeito ao seu irmão na Igreja, mova--se pelo menos por consideração para com Cristo, e quem não pensa nos seus companheiros que se encontram em situação de aperto e miséria, pense pelo menos no seu Senhor, representado naquela mesma pessoa a quem despreza.

Com a generosidade dos primórdios

24. Por esta razão, queridíssimos irmãos que já tendes arraigado o temor de Deus em vossos corações, e que já calcastes o mundo aos pés e tendes o vosso

espírito dirigido para os bens superiores e divinos, procuremos merecer o favor do Senhor com uma fé plena, com um espírito devoto e com contínuas esmolas. Ofereçamos a Cristo vestes terrenas, para recebermos as vestes celestiais. Demos-lhe o alimento e a bebida deste mundo, para tomarmos parte no banquete celestial com Abraão, Isaac e Jacó. Para não colhermos pouco, semeemos abundantemente, e preparemos a segurança e a salvação eternas enquanto é tempo, como nos adverte o Apóstolo Paulo: *Não nos cansemos de fazer o bem, porque a seu tempo colheremos. Por conseguinte, façamos o bem a todos enquanto temos tempo, especialmente aos irmãos na fé (Gl 6, 9-10).*

25. Pensemos, queridíssimos irmãos, no que fazia o povo dos fiéis sob a direção dos Apóstolos, nesses primórdios em que floresciam as grandes virtudes e em que a fé dos fiéis refervia com um jovem ardor. Vendiam os seus campos e as suas casas, e generosamente e de bom grado levavam aos Apóstolos o produto da venda para que fosse distribuído entre os pobres,

Tendo-se desfeito do seu patrimônio terreno, aplicavam os fundos assim obtidos onde lhes pudessem render juros de vida eterna, e compravam para si as casas em que haviam de habitar para sempre.

O cúmulo de esmolas era então proporcionado à união no amor, conforme lemos nos Atos dos Apóstolos: *A multidão dos que haviam crido tinha um só coração e uma só alma, e não havia entre eles divisão alguma, nem ninguém considerava como próprio qualquer dos bens que lhes pertenciam, antes tudo possuíam em comum* (At 4, 32). Isto é tornar-se verdadeiramente filho de Deus pelo nascimento espiritual, isto é imitar a equidade de Deus Pai segundo a lei celeste. Desfrutamos em comum de tudo aquilo que a Deus pertence, e ninguém é excluído dos seus benefícios e dádivas, de forma que todo o gênero humano goza por igual da bondade e da generosidade de Deus. Assim, o dia ilumina a todos por igual, o sol brilha para todos, a chuva rega-os e o vento lhes sopra também por igual; para os que dormem, um e o mesmo é o sono, e o brilho das estrelas e da lua lhes é comum. Diante deste exemplo, quem possui neste mundo rendas e frutos, e os reparte com fraternidade, sendo equitativo e justo nas suas dádivas gratuitas, bem pode dizer-se imitador de Deus Pai.

A glória dos misericordiosos

26. Como será grande, queridíssimos irmãos, a glória dos misericordiosos, e que imensa e suma alegria não terão quando o Senhor vier fazer o recenseamento do seu povo e se puser a distribuir os prêmios que nos prometeu pelos nossos méritos e pelas nossas obras! Trocará o terreno pelo celestial, o temporal pelo eterno, o pequeno pelo grande. Apresentar-nos-á ao seu Pai, a quem nos restituiu mediante a sua santificação; dar-nos-á a eternidade e a imortalidade, que nos ganhou mediante a vivificação que brotou do seu sangue; conduzir-nos-á de volta ao Paraíso, abrindo-nos o reino dos céus em fiel cumprimento da sua palavra.

Adiramos firmemente a estas verdades com os nossos sentimentos, compreendamo-las com uma fé plena, amemo-las de todo o coração, conquistemo-las pela magnanimidade e pela perseverança nas boas obras. A esmola que conduz à salvação, queridíssimos irmãos, constitui qualquer coisa de excelente e de divino; é poderosa ajuda para os fiéis, é garantia de uma salvação certa, é escudo da esperança, suporte da fé, remédio do pecado; está ao alcance de quem quiser praticá-la, e é tão grande como é fácil; constitui a coroa da paz sem os riscos da perseguição; é o verdadeiro e o maior dom de Deus; é necessária aos fracos e cumula de glória os fortes. Por meio dela, o cristão recebe a graça espiritual, ganha méritos diante de Cristo Juiz, e passa a ter a Deus como seu devedor.

Lutemos de bom ânimo e com toda a firmeza por alcançar esta palma das boas obras, corramos todos na arena da justiça à vista de Deus e de Cristo, e os que já começamos a ultrapassar o temporal e o mundano, não nos atrasemos na nossa carreira por nenhum desejo temporal ou mundano. Se o dia da prestação de contas ou o da perseguição nos encontrar competindo com valor e com pressa nesta arena das boas obras, o Senhor não deixará de premiar qualquer mérito nosso; aos que vencerem na paz mediante as boas obras, dar-lhes-á uma coroa branca; e aos que vencerem na perseguição [mediante o martírio], acrescentar-lhes-á outra de cor púrpura.

Direção geral
Renata Ferlin Sugai

Direção de aquisição
Hugo Langone

Produção editorial
Sandro Gomes
Juliana Amato
Gabriela Haeitmann
Ronaldo Vasconcelos
Roberto Martins

Capa
Gabriela Haeitmann

Diagramação
Rafael Marques

ESTE LIVRO ACABOU DE SE IMPRIMIR
A 01 DE JUNHO DE 2024,
EM PAPEL OFFSET 75 g/m^2.